11-12-15

GIULIO MICHELINI

UN GIORNO CON GESÙ

La giornata di Cafarnao nel Vangelo di Marco

SAN PAOLO

Piazza Soncino, 5 - 20092 Cinisello Balsamo (Milano)
www.edizionisanpaolo.it
Distribuzione: Diffusione San Paolo s.r.l.
Piazza Soncino, 5 - 20092 Cinisello Balsamo (Milano)

Via Giotto, 36 - 20145 Milano
www.famigliacristiana.it
www.credere.it

Allegato a Famiglia Cristiana di questa settimana
Direttore responsabile: Antonio Sciortino
Settimanale registrato presso il Tribunale di Alba il 7/9/1949 n. 5
P.I. SPA - S.A.P. - D.L. 353/2003 L. 27/02/04 N. 46 - a.1 c.1 DCB/CN

Allegato a Credere di questa settimana
Direttore responsabile: Antonio Rizzolo
Settimanale registrato presso il Tribunale di Alba il 23/10/2012, n. 4/12

Progetto grafico: Ink Graphics Communication, Milano

ISBN 978-88-215-9621-6

INTRODUZIONE

Nel nord di Israele, percorrendo il versante occidentale del lago di Tiberiade, lungo la strada statale 87, scendendo dal Golan, poco prima di immettersi nella 90, si arriva al sito archeologico di Cafarnao, a 210 m sotto il livello del mare, 5 km a sud della foce del Giordano. I resti della città si trovano sulla riva di quello che il vangelo di Marco chiama «il mare», ma nelle cartine di Israele è invece il lago *Kinnèret*, la cui forma agli ebrei ricorda ancora la cetra (in ebraico, appunto, *kinnôr*; cfr. 1Sam 16,23) del re David.

Il cartello in lingua inglese che accoglie i pellegrini appena scesi dagli autobus spiega che i resti archeologici che si intravvedono dal cancello sono quelli di «Capharnaum, the Town of Jesus», "Cafarnao, la città di Gesù".

Gesù deve essere giunto a Cafarnao da un'altra strada, che sale da sud, ma gli evangelisti non si soffermano su questi dettagli. Marco, in particolare – il vangelo più antico, che ci accompagnerà nel nostro "viaggio" –, è molto essenziale anche su quanto è accaduto a Gesù prima che arrivasse in quella città. Gli altri vangeli, in particolare quello di Matteo, ci aiuteranno a completare il quadro. Ma anzitutto dobbiamo rileggere la pagina che parla di *una giornata di Gesù* a Cafarnao. Ecco i versetti che commenteremo parola per parola[1].

Marco 1,21-39

[21]Giunsero a Cafarnao e subito Gesù, entrato di sabato
nella sinagoga, insegnava. [22]Ed erano stupiti del suo in-
segnamento: egli infatti insegnava loro come uno che ha
autorità, e non come gli scribi.

[23]Ed ecco, nella loro sinagoga vi era un uomo posseduto
da uno spirito impuro e cominciò a gridare, [24]dicendo:
«Che vuoi da noi, Gesù Nazareno? Sei venuto a rovinar-
ci? Io so chi tu sei: il santo di Dio!». [25]E Gesù gli ordinò
severamente: «Taci! Esci da lui!». [26]E lo spirito impuro,
straziandolo e gridando forte, uscì da lui. [27]Tutti furono
presi da timore, tanto che si chiedevano a vicenda: «Che
è mai questo? Un insegnamento nuovo, dato con autorità.
Comanda persino agli spiriti impuri e gli obbediscono!».
[28]La sua fama si diffuse subito dovunque, in tutta la re-
gione della Galilea.

[29]E subito, usciti dalla sinagoga, andarono nella casa di
Simone e Andrea, in compagnia di Giacomo e Giovanni.

[1] Traduzione di G. Perego, *Marco. Introduzione, traduzione e commento*, San Paolo, Cinisello Balsamo (MI) 2011.

[30]La suocera di Simone era a letto con la febbre e subito
gli parlarono di lei. [31]Egli si avvicinò e la fece alzare pren-
dendola per mano; la febbre la lasciò ed ella li serviva.
[32]Venuta la sera, dopo il tramonto del sole, gli portavano
tutti i malati e gli indemoniati. [33]Tutta la città era riunita
davanti alla porta. [34]Guarì molti che erano affetti da varie
malattie e scacciò molti demòni; ma non permetteva ai
demòni di parlare, perché lo conoscevano.
[35]Al mattino presto si alzò quando ancora era buio e,
uscito, si ritirò in un luogo deserto, e là pregava. [36]Ma
Simone e quelli che erano con lui si misero sulle sue
tracce. [37]Lo trovarono e gli dissero: «Tutti ti cercano!».
[38]Egli disse loro: «Andiamocene altrove, nei villaggi vi-
cini, perché io predichi anche là; per questo infatti sono
venuto!».
[39]E andò per tutta la Galilea, predicando nelle loro si-
nagoghe e scacciando i demòni.

Prima di iniziare il cammino di lettura del testo, e lasciando all'ultimo capitolo alcune questioni più tecniche, ora si può dire qualcosa sul modo in cui procederemo. Oltre agli studi specialistici che si sono concentrati su questa pagina[2],

[2] L. Orlando, *La giornata di Gesù a Cafarnao. Saggio esegetico di Marco 1,21-34*, Analecta Nicolaiana 16, Ecumenica Editrice, Bari 2013; J.C-. Iwe, *Jesus in the Synagogue of Capernaum: The Pericope and Its Programmatic Character for the Gospel of Mark: An Exegetico-Theological Study of Mk 1:21-28*, Gregorian University Press, Roma 1999; M. Adinolfi – P. Kaswalder (edd.), *Entrarono a Cafarnao. Lettura interdisciplinare di Mc 1*, Franciscan Printing Press Jerusalem 1997.

o ai diversi commentari al vangelo di Marco, che si soffermano necessariamente meno a lungo su di essa, prendiamo l'avvio da un esempio di come è stata raccontata e spiegata.

Un esegeta ed ebraista dell'Ottocento, il teologo luterano Franz Delitzsch (1813-1890) – noto anche per la sua traduzione verso l'ebraico del Nuovo Testamento – scrisse nel 1871 un'opera che oggi definiremmo un breve "romanzo storico" o forse anche una vera e propria "vita di Gesù Cristo"[3], intitolata *Un giorno a Cafarnao*. Delitzsch attinge non solo dai vangeli, ma anche dalla sua profonda conoscenza della letteratura giudaica, per presentare il resoconto di quella che doveva essere, a suo parere, una giornata rappresentativa del ministero di Gesù nella città della Galilea. In questo libro, «un grazioso *mix* di erudizione e fantasia»[4], gli spazi narrativi lasciati inevitabilmente vuoti dagli evangelisti vengono riempiti. L'autore va molto oltre la suddivisione della giornata a cui accenna Marco, immaginando lo svolgersi del tempo di Gesù in quattro atti (la mattina, a mezzogiorno, al "vespro", la sera) e arricchendo la descrizione degli eventi di dettagli che non si trovano nei vangeli. Si veda come è narrato l'arrivare di Gesù alla casa di Simone:

[3] E così infatti viene considerata da C.A. Evans, *Life of Jesus Research. An Annotated Bibliography*, Brill, Leiden 1996, 251, alla stregua, cioè, ad es., delle vite di Cristo di G. Papini o di W. Bousset.

[4] R. Smend, «Franz Delitzsch – Aspekte von Leben und Werk», in A.C. Hagedorn – J. Pfeiffer (edd.), *Die Erzväter in der biblischen Tradition*, Walter de Gruyter, Berlin 2009, 347-366; 355.

La moltitudine, vedendolo, girò in un istante lo sguardo dalla casa a Lui, e tutti tesero le braccia in segno di richiesta e di intercessione. «Benedetto Colui che viene nel nome del Signore!», gridò un vecchio che stava davanti, che in prima persona aveva sperimentato la potenza di guarigione di quel medico miracoloso, e ora portava costantemente altri malati a Lui. Da quasi cinquanta voci una varietà di saluti arrivò al Guaritore atteso, accompagnata con gesti imploranti aiuto. Qui una voce gridò: «*Rabbenu*» (Nostro Rabbi); là, un'altra: «*Marâna*» (Nostro Signore); o ancora, «*Shelicha Dishmaja*» (Messaggero del Cielo); un'altra, «*Mikwe Israel*» (Speranza di Israele), e la donna sofferente sul cammello, che il padre e il fratello avevano portato fin da Betsaida Giulia, allungate le braccia da dietro i veli, e con una voce roca e stridula, gridò: «*Malca Meshicha*» (O Re Messia). Il suo grido – in questa confusione – risuonava come la voce di spiriti. L'impressione che venne a Gesù da tutto questo fu di confusione. Con un movimento della mano portò quiete nel disordine e restaurò il silenzio. Quei malati che avevano ancora il controllo delle loro membra, allora, si precipitarono per mettersi in fila, in ginocchio, davanti alla porta di casa, al punto che lo spazio che era stato lasciato perché potesse passare era molto stretto, perché tutti erano ansiosi di arrivare il più possibile vicino a Lui[5].

[5] F. Delitzsch, *Ein Tag in Capernaum*, Justus Naumann, Leipzig 1871, 32-33.

Di questa ri-narrazione della scena colpisce particolarmente il fatto che Delitzsch abbia scelto come modello della "giornata di Gesù a Cafarnao" non quella narrata da Marco nel primo capitolo del suo vangelo (alla quale però vengono comunque fatti rimandi con la tecnica del *flashback*) quanto piuttosto un giorno qualsiasi, feriale e non un sabato, aspetto che invece caratterizza fortemente la giornata di Gesù secondo Marco. I vangeli canonici, poi, non sono così ricchi di quei particolari presenti nella ricostruzione di Delitzsch: il racconto della giornata di Gesù a Cafarnao prende solo uno spazio di nemmeno trecento parole, ma da esse, comunque, possiamo cogliere tanti elementi importanti.

Sarà questo l'obiettivo del nostro percorso per rileggere da vicino lo svolgimento di una giornata di Gesù. Faremo attenzione anzitutto al testo, senza dimenticare però quello che vi è "prima" o "dietro" di esso, ovvero la storia che presume e il contesto culturale e sociale in cui essa ha avuto luogo. La strada, a tratti, potrà essere ardua, ma la fatica verrà ripagata dallo scoprire che la giornata di Gesù nella cittadina del lago di Tiberiade può rappresentare ancora oggi un paradigma per i cristiani.

I

Una giornata in Galilea

Roma imperiale si svegliava presto, come un villaggio: all'aurora, quando non prima dell'alba. Un epigramma del poeta Marziale enumera le cause d'insonnia che, al suo tempo, tormentavano i disgraziati romani. Già al levar del sole essi sono preda degli assordanti rumori che riempiono le strade e le piazze, in cui si mescolano i colpi di martello dei calderai e lo sgolarsi degli allievi delle scuole. Per sfuggire al baccano i ricchi si ritirano in fondo alle loro dimore isolate dallo spessore dei muri e dai boschetti dei giardini circostanti. All'interno, però, son disturbati dalle squadre di schiavi, che attendono ai servizi di pulizia della casa[6].

Rifacendosi al genere storiografico della "vita quotidiana", così Jérôme Carcopino (1881-1970) ricostruiva l'inizio di una giornata-tipo di un romano, descrivendo il risveglio

[6] J. Carcopino, *La vita quotidiana a Roma all'apogeo dell'impero*, Laterza, Bari 1993, 180.

dei cittadini e le loro svariate occupazioni fino alla sera. Se anche Roma si svegliava presto, «come un villaggio», finiscono qui i confronti con la vita nella piccola cittadina alla periferia dell'Impero dove è vissuto Gesù. Ma anche a Cafarnao, pur non regnando la frenesia di Roma, doveva esserci una certa fretta.

All'inizio del racconto della giornata di Gesù a Cafarnao compare infatti uno degli avverbi che più frequentemente Marco utilizza nel suo vangelo, e che ha a che fare proprio col *tempo*: «subito» (in greco *euthys* o anche *eutheōs*). Usato dall'evangelista quarantadue volte, molto più che da Matteo (diciotto) o da Luca (solo sette), a partire da Mc 1,21 attraversa tutta la pericope, ricorrendovi cinque volte (1,21.23.28.29.30). L'avverbio "subito" non vuole tanto esprimere il senso dell'inatteso o dell'improvviso, ma è piuttosto il segnale di una immediatezza che sottolinea – come nel caso dei miracoli di guarigione di Gesù – la connessione tra la parola e il miracolo stesso: quanto Gesù dice, avviene. Possiamo però forse andare anche oltre questo dato grammaticale. Il ripetersi martellante dell'avverbio accelera il tempo del racconto, in un modo che potrebbe addirittura far pensare ad una *urgenza* di Gesù, per il quale oramai «il tempo è compiuto» (Mc 1,15): «l'avverbio contribuisce a dare un tocco di dinamicità al racconto; la buona notizia non solo interpella, ma anche incalza il lettore»[7]; «il ripetersi frequente dell'avverbio "subito" conferisce agli inizi dell'operare di Gesù un carattere stringente, quasi esplosivo: quando (infine) ha iniziato, va avanti colpo su colpo»[8]. Se il tempo nuovo è stato inaugurato, non c'è tempo da perdere e si deve mostrare come il regno è arrivato tra gli uomini.

Oltre a ciò, è stato notato che nel vangelo secondo Marco il tempo e lo spazio non solo hanno il compito di contestualizzare e inserire nelle due dimensioni dell'esperienza storica e umana gli eventi della vita di Gesù, ma queste categorie hanno anche un valore *simbolico* all'interno del racconto. In particolare, Marco «mette ben in risalto alcuni segmenti temporali in alcuni punti fondamentali del testo: il vangelo comincia delimitando una giornata (quella di Cafarnao, 1,21-39) e una settimana (fino a 3,6) e termina ancora con una settimana e una giornata (la settimana di passione e il giorno di Pasqua)»[9]. In pratica, la giornata di Gesù a Cafarnao incornicia, insieme al giorno di Pasqua, tutto il vangelo marciano. Il risultato di questa operazione è che viene accentuato il contenuto di quanto narrato «in una direzione specificamente cristologica»[10]: Marco non

[7] G. Perego, *Marco*, 46.
[8] K. Stock, *Marco. Commento contestuale al secondo Vangelo*, Edizioni ADP, Roma 2003, 40.
[9] L. Gasparro, «Valore simbolico associato a spazio e tempo in Marco», in *Simbolo e narrazione in Marco: la dimensione simbolica del secondo Vangelo*, Analecta Biblica 198, Gregorian and Biblical Press, Roma 2012, 114-122; 121.
[10] Ivi, 122.

sta, insomma, parlando "semplicemente" di una giornata di Gesù, quanto piuttosto – strutturando il tempo in tal modo – mettendo in rilievo il senso di ciò che accade in quei giorni.

1. Il tempo con Gesù

La "fretta" con cui viene narrata la giornata di Gesù, grazie al veloce tempo narrativo, non impedisce però al rabbi di Galilea di vivere in pienezza le ore che trascorre a Cafarnao. Appena più avanti, Marco scriverà che il tempo di Gesù è riempito dalla preghiera comunitaria (in sinagoga) e personale (in un luogo deserto). Il tempo, se non è vissuto in comunione con il Padre e per gli altri, scorre troppo in fretta ed è semplicemente sprecato: Gesù sa bene – come spiegherà Marco nei versetti 1,32-34 – che non può fare *tutto* nel tempo terreno che gli è dato. Può però *iniziare un processo* che i suoi discepoli, nel *loro* tempo, dovranno portare avanti, con l'autorità che Gesù darà ad essi (cfr. Mc 3,15) e con il soccorso dello Spirito.

L'avverbio che in Marco segnala l'inizio di questo processo, "subito", è come l'*overture* del brano che stiamo per leggere. Ci dice che la giornata di Cafarnao ha proprio a che fare col *tempo vissuto*.

2. Gesù e il tempo

Un episodio della vita di Gesù ci introduce a questo tema. Se nella giornata inaugurale di Cafarnao egli compie un esorcismo (Mc 1,23-28), tale miracolo non è invece narrato nel vangelo di Matteo, che riferisce dell'espulsione del male da due indemoniati solo più avanti nel suo racconto, quando Gesù si recherà sull'altra riva del lago di Tiberiade, nel territorio dei gadareni (Mt 8,28-34). Le ragioni del perché Matteo non racconti l'esorcismo di Cafarnao possono essere diverse, ma a noi interessa che i due indemoniati gadareni non solo riconoscano Gesù come "Figlio di Dio" (al modo in cui a Cafarnao era stato chiamato "santo"; cfr. Mc 1,24), ma gli dicano anche «tu sei venuto...», parole che Matteo estrae proprio da quelle pronunciate dallo spirito impuro di Mc 1,24 («*Sei venuto* a rovinarci»). La frase completa degli indemoniati, nella versione di Matteo, è: «Sei venuto qui a tormentarci *prima del tempo*?» (Mt 8,29). Questa frase, che può essere letta anche come un'affermazione, e non come una domanda, dice che il tempo ha un significato diverso quando Dio vi irrompe con il suo Inviato, il Figlio. Quel "non ancora", che i demòni aspettano, è diventato un "già" nella presenza del Messia che occupa il tempo lasciato altrimenti alle forze ostili all'uomo. Non solo lo *spazio* viene attraversato da Gesù, che vive a Cafarnao e viaggia per la Galilea, ma soprattutto il *tempo*.

Il tempo è percepito e vissuto in modo differente a seconda delle epoche storiche, delle culture e delle latitudini. E anche delle credenze religiose: gli studi e le riflessioni filosofiche sul tempo in generale – o quelli sul tempo nell'antichità – mettono in evidenza i grandi cambiamenti che hanno avuto luogo con una nuova concezione giudaico-cristiana del tempo, non più visto come circolare (misurato «dal cammino delle stelle che ciclicamente scandivano le epoche»)[11], ma come tempo "salvato". Oggi, soprattutto, vengono studiate le diverse percezioni del tempo che possono cambiare in base alle esperienze soggettive[12], o, ancora, si prende in esame il ruolo del tempo in rapporto alle fasi della vita, alla famiglia e alla società. Da questo punto di vista, è chiaro che l'epoca in cui viviamo noi è molto differente da quella pre-moderna per tanti aspetti: una volta, ora non più, si viveva «in un tempo relativamente fisso, dato per scontato, "naturale", "cronologico" [...], scandito secondo ritmi pre-determinati»; con la modernità, invece, «quanto più la società diventa "artificiale" tanto più il senso del tempo si allontana da ogni analogia naturalistica»[13].

[11] Si veda su questo U. Galimberti, *Orme del sacro*, Feltrinelli, Milano 2010, 99.

[12] Cfr., ad es., S. Klein, *Il tempo. La sostanza di cui è fatta la vita*, Bollati Boringhieri, Torino 2015.

[13] P. Donati, «Tempo sociale, famiglia e transizioni», in E. Scabini – P. Donati (edd.), *Tempo e transizioni familiari*, Vita e Pensiero, Milano 1994, 61-62.

Anche nella Galilea in cui è vissuto Gesù la percezione del tempo era diversa da come la sperimentiamo noi ora[14]. È perciò necessario liberarsi dai "luoghi comuni", che proiettano le nostre visioni moderne sulla società di allora, perché la rappresentazione del tempo in quella società mediterranea pre-industriale non era stata ancora influenzata dalla concezione filosofica greca, nella quale il tempo era concepito in termini "spaziali" o "lineari". La conseguenza di questo ragionamento riguarda almeno due aspetti del tempo vissuto da Gesù: quello di un ebreo credente del primo secolo e quello di un laico itinerante. Ci soffermeremo su di essi facendo tesoro delle diverse ricerche storiche, antropologiche, e dell'ambito delle scienze sociali, che si sono concentrate sulla *vita quotidiana* in Israele all'epoca del secondo Tempio[15].

Se la Galilea era ormai, a partire dal 63 a.C., sotto il dominio romano, e doveva essere influenzata non poco dall'amministrazione imperiale, vi erano certamente differenze nel modo di vivere a Roma rispetto a quello di una cittadina sul Lago di Tiberiade.

[14] Si veda B.J. Malina, «Christ and Time: Swiss or Mediterranean», *Catholic Biblical Quarterly* 51 (1989) 1-31, anche in Id., *The Social World of Jesus and The Gospels*, Routledge, London – New York 1996, 179-214.

[15] Segnaliamo, oltre ai nuovi volumi di E. Yamauchi – M.R. Wilson (edd.), *Dictionary of Daily Life in Biblical and Post-Biblical Antiquity*, Hendrickson, Peabody (MA) 2014, almeno O. Borowski, *Daily Life in Biblical Times*, Society of Biblical Literature, Atlanta (GA) 2003 e A. Chouraqui, *La vita quotidiana degli uomini della Bibbia*, Mondadori, Milano 1988.

Il tempo di un ebreo credente del I secolo

In Galilea la vita trascorreva non solo nel rincorrersi dei mesi e delle stagioni, ma anche dei cicli biologici e, soprattutto in rapporto a due dimensioni: quella delle relazioni familiari e quella delle feste giudaiche. Il tempo era segnato sin dalla nascita dalla vita familiare, con riti che accompagnavano il passaggio all'adolescenza, all'età adulta, fino alla formazione di una nuova famiglia e alla morte (circoncisione, *bar mitzvah*, rito del matrimonio, sepoltura rituale). Era poi caratterizzato dal calendario delle feste, che distinguevano tra loro i giorni, ne sacralizzavano alcuni, e permettevano di vivere l'alternarsi dei mesi in una prospettiva religiosa.

La giornata di un ebreo poteva essere ritmata dalla preghiera dello *Shemà* ("la" preghiera identitaria di Israele, tratta da Dt 6,4-9: «Ascolta, Israele, il Signore è il nostro Dio...») al mattino e alla sera, come da altre preghiere prima e dopo i pasti, ed era mediata da oggetti come i *tefillim* o gli *tzitzit* (dei quali parla anche Gesù in Mt 23,5, a proposito dei farisei che «allargano i filatteri e allungano le frange»), o ancora, dalla *mezuzà*, un piccolo contenitore che si pone sullo stipite della porta, che conserva alcune frasi tratte dal libro del Deuteronomio[16]. Lo scrittore francese di origine

[16] Sulla religione giudaica e la vita quotidiana si veda S. Safrai, «Religion in Everyday Life», in S. Safrai – M. Stern (edd.), *The Jewish People in the First Century. 2. Historical*

ebraica Robert Aron (1898-1975) ha raccontato in forma divulgativa nel suo *Così pregava il bambino Gesù*, come gli ebrei credenti partecipavano «in ogni istante, con le loro benedizioni, alla religiosità del mondo»: benedizioni che «accompagnano l'ebreo dal mattino alla sera e viceversa», e che secondo Aron sarebbero quelle che «hanno scandito ogni ora dell'infanzia di Gesù, quelle che i suoi genitori gli hanno insegnato a pronunciare»[17].

Ma non si deve dimenticare che questi atti e gesti religiosi potevano essere più o meno presenti in una giornata a seconda del modo in cui ci si rapportava a Dio. C'è poi un pericolo da evitare, quando si vuole ricostruire la vita quotidiana così come poteva essere vissuta anche ai tempi di Gesù: quello di «esagerarne la dimensione cultica, profetica, sacrale, di maggiorarne il rapporto con i Santuari, con gli Altri Luoghi, con il Tempio di Gerusalemme, con le solenni liturgie, con i pellegrinaggi e i sacrifici, con le festività secondo il ciclo sabbatico settimanale, quello mensile e quello annuale»[18].

Geography, Political History, Social, Cultural and Religious Life and Institutions, Van Gorgum, Assen – Amsterdam 1976, 793-833.

[17] R. Aron, *Ainsi priait Jésus enfant*, Bernard Grasset, Paris 1968; trad. italiana: *Così pregava l'ebreo Gesù*, Marietti, Casale Monferrato (AL) 1982, 53-54.

[18] A. Ammassari, *La vita quotidiana nella Bibbia*, Edizioni Studium, Roma 1979, 9.

Il tempo di un laico itinerante

Certo, la famiglia di Gesù doveva essere osservante: lo si deduce non solo dalle parole e dalla vita stessa del Cristo, ma soprattutto dai vangeli dell'infanzia, nei quali si parla di pellegrinaggi a Gerusalemme, e in particolare quando il padre adottivo di Gesù, Giuseppe, viene chiamato "giusto" (Mt 1,19). Questo termine non ha come primo riferimento, come si potrebbe pensare, quello della "bontà", ma piuttosto quello dell'osservanza della Legge di Dio, che si declina nel mettere in pratica con scrupolo i molteplici precetti che informano tutta l'esistenza del credente.

Però, detto questo, si deve ribadire che quella che viene descritta da Marco come la giornata di Gesù è la giornata di un rabbi di Galilea, che oltre ad entrare in una sinagoga per pregarvi, vive comunque come un credente *laico*. In primo luogo, perché la sua intera vita non sembra svolgersi – almeno secondo il racconto dei vangeli di Matteo, Marco e Luca – nella città del Tempio, Gerusalemme, ma altrove. Vi è qui una netta distanza rispetto a quanto invece cominciavano a fare i farisei, osservando le norme di purità rituale prescritte per i sacerdoti anche fuori del Tempio, e cioè in famiglia, in atti come il prendere cibo, ecc. Questi credevano che in tal modo avrebbero potuto «realizzare la santificazione di ogni giorno»[19]. Così facendo, però, a volte esageravano, come quando, ad esempio, imponevano che ci si lavasse le mani prima di "mangiare il pane", cosa che non era affatto richiesta a tutti dalla Legge di Mosè (cfr. Mt 15,1-20), essendo una norma valida solo per i sacerdoti in servizio al Tempio (cfr. Es 30,17-21).

Ma soprattutto Gesù non era di famiglia sacerdotale. Su questo aspetto dell'ambiente familiare di Gesù, che era ovvio e scontato per i suoi contemporanei, insiste molto uno dei più noti studiosi del Gesù storico, il teologo cattolico John Paul Meier. Nella sua monumentale opera su Gesù "ebreo marginale", Meier afferma che è stato molto trascurato o frainteso il fatto che «Gesù nacque come ebreo laico, condusse il suo ministero come ebreo laico e morì come ebreo laico»[20]. Anche se un unico testo del Nuovo Testamento, la lettera agli Ebrei, rappresenta Gesù come un – anzi, "il" – Sommo sacerdote, è solo qui che Gesù non è ritratto come un laico, e peraltro, per compiere questo confronto, l'anonimo autore deve ricorrere ad un'altra tipologia di sacerdozio, che risale alla misteriosa figura di Melchisedek (Eb 7,15-28), e non a quella di Levi. Inoltre, proprio la lettera agli Ebrei conferma la descrizione di

[19] A.R. Carmona, *La religione ebraica. Storia e teologia*, San Paolo, Cinisello Balsamo (MI) 2005, 382.

[20] J.P. Meier, *Un ebreo marginale. Ripensare il Gesù storico.* 1. *Le radici del problema e della persona*, Queriniana, Brescia 2002, 345.

Gesù laico, quando dice che «è noto infatti che il Signore nostro è germogliato dalla tribù di Giuda, e di essa Mosè non disse nulla riguardo al sacerdozio» (7,14). Dire che Gesù era sacerdote durante la sua vita terrena significa fraintendere l'insegnamento dell'autore della lettera, che vede «l'incarnazione di Gesù come vero essere umano, partecipe di tutte le sofferenze umane e anche della nostra morte»[21]. In quanto laico ebreo, Gesù non godeva di una formale base per la propria *autorità* (e su questo punto, infatti, lo provocano proprio i sacerdoti del Tempio; cfr., ad esempio, Mc 11,28), ma ciò non gli impediva di vivere i suoi doveri religiosi, anche quelli più basilari per un ebreo, come le tre feste di pellegrinaggio. Anzi, dobbiamo proprio pensare a Gesù «come appartenente a un pio laicato giudeo che regolarmente andava a Gerusalemme per adorare, pur lamentandosi delle carenze almeno dei sacerdoti di più alto livello che officiavano là»[22].

Anche la giornata di Gesù, dunque, è caratterizzata da una dimensione laicale su cui dobbiamo ora insistere. Da quanto possiamo leggere nei vangeli, il tempo vissuto da Gesù trascorre principalmente nelle strade e, quando all'interno dei villaggi, nelle case; di sabato, poi, per

[21] Ivi, 349.
[22] Ivi, 350.

qualche ora, anche nella sinagoga. Sono dunque questi i "luoghi" degli incontri di Gesù, e il corrispondente modo di abitarli deve essere stato quello della quotidianità più feriale.

Sul tempo trascorso da Gesù, così come raccontato dai vangeli, si sono soffermati brevemente Adriana Destro e Mauro Pesce. Basandosi su studi antropologici riguardanti il "camminare" e su ricerche di storia sociale riguardanti il tempo della chiesa e quello del mercante nel medioevo (come quelle di Jacques Le Goff), all'interno di un paragrafo su «il camminare e il tempo dell'itinerante»[23], i due studiosi hanno messo in rilievo alcuni aspetti della giornata-tipo di Gesù, che si concentrano, come detto, sulla categoria dell'*itineranza*. «Camminare – scrivono – obbliga Gesù a seguire il ritmo temporale del singolo giorno e si traduce in una sequenza di atti di tipo instabile. L'itinerario di chi cammina è sempre rettificabile a causa di eventi imprevisti (la pioggia, la calura, l'incontro con altri viandanti o altri tipi di ostacoli)»[24]. Ancora, «l'attività del camminare scandisce il tempo e il susseguirsi delle giornate» di Gesù: «nel camminare si entra in un tempo regolato da cadenze necessarie. Attraverso la marcia si

[23] A. Destro – M. Pesce, *L'uomo Gesù. Giorni, luoghi, incontri di una vita*, Mondadori, Milano 2008, 53-55.
[24] Ivi, 53.

misura la lunghezza della giornata. Un giorno di cammino precede una notte. Una notte segue un giorno di marcia. Possiamo individuare in questa alternanza di tempi qualche elemento in più per leggere come il camminare di Gesù determinasse anche la sua percezione e la sua organizzazione del tempo»[25].

Infine, dobbiamo ricordarci che l'affermazione della *laicità* di Gesù va letta insieme a quella riguardante la sua *santità*, di cui si dirà subito dopo («Io so chi tu sei: il santo di Dio»; Mc 1,24)[26]. La dimensione dell'*itineranza* di Gesù, poi, va confrontata con quella, di cui ugualmente diremo tra poco, della sua *stanzialità* a Cafarnao. Ancora, una *giornata* di Gesù deve essere compresa all'interno della sua *intera esperienza terrena*, pena il considerarla come un segmento scollegato dal resto del tempo da lui vissuto.

«Il tempo», per chi crede nella risurrezione del Messia, «è uscito dai cardini»[27]: quel tempo di Gesù a Cafarnao è stato vero e reale, un frammento, significativo, incarnato e non ucronico, ma pur sempre un frammento, di chi ora vive *oltre* il tempo.

[25] Ivi, 54

[26] E insieme ad altre interpretazioni neotestamentarie di Gesù, come quella, ad es., del vangelo di Giovanni, dove Gesù sembra essere descritto come sacerdote; cfr. J.P. Heil, «Jesus as the Unique High Priest in the Gospel of John», *Catholic Biblical Quarterly* 57 (1995) 729-745.

[27] «The time is out of joint»; W. Shakespeare, *Amleto*, Atto 1, scena 5.

3. Lo spazio di Gesù

La vita – come la giornata a Cafarnao – di Gesù non si è svolta in una "a-cronia" (l'atemporalità), o in una "u-cronia" (un tempo storico stravolto)[28]; il suo tempo poi non è passato nemmeno in una "a-topia" (nel senso di una "dis-locazione"), senza riferimenti spaziali e geografici. La vita di Gesù è trascorsa in *un* tempo e in *uno* spazio, secondo coordinate precise, perché condizionata dalla sua umanità. La giornata di Gesù che apre il vangelo di Marco si svolge in una cittadina, ben nota anche nell'antichità, della Galilea.

La Galilea

L'evangelista Marco per narrare l'inizio del ministero di Gesù sembra, più degli altri, puntare sulla Galilea[29]. Leggiamo come Flavio Giuseppe, uno storico ebreo nato nel 37 d.C., descriveva questa regione di Israele.

[28] U. Eco, *Sei passeggiate nei boschi narrativi*, Bompiani, Milano 1994, 133.

[29] Cfr. E. Manicardi, *Il cammino di Gesù nel Vangelo di Marco*, Editrice Pontificio Istituto Biblico, Roma 2003, 53-55. Una delle migliori introduzioni alla Galilea è di P.A. Kaswalder, *Galilea Terra della luce. Descrizione geografica storica e archeologica di Galilea e Golan*, ETS, Milano 2012. Segnaliamo poi, oltre alla recentissima pubblicazione di D.A. Fiensy – J.R. Strange (edd.), *Galilee in the Late Second Temple and Mishnaic Periods*. 1. *Life, Culture, and* Society, Fortress Press, Minneapolis (MN) 2014, anche D.A. Fiensy – R.K. Hawkins (edd.), *The Galilean Economy in the Time of Jesus*, Society of Biblical Literature, Atlanta 2013.

Lungo il lago di Gennesar si distende una regione che ha lo stesso nome, dalle doti naturali e di una bellezza meravigliose. La sua fertilità ammette ogni cultura e chi la lavora vi fa crescere di tutto, e il clima è così temperato che si adatta anche alle piante più svariate. I noci, alberi particolarmente idonei alle regioni fredde, vi crescono innumerevoli accanto alle palme, che richiedono il caldo, e vicino a loro fichi e ulivi, cui si confà un'aria più mite. Si direbbe che la natura si sia compiaciuta di un simile sforzo per raccogliere sullo stesso suolo le specie più diverse, e che le stagioni si siano affrontate in benefica gara, cercando ognuna di imporsi in tale contrada; questa infatti non soltanto stranamente produce frutti così diversi, ma li fa anche mantenere. L'uva e i fichi, delizie da re, li porta ininterrottamente per dieci mesi, mentre tutti gli altri frutti maturano nell'intero corso dell'anno. Oltre a godere di questo clima temperato, la regione è irrigata da una sorgente quanto mai fecondatrice, che la gente del posto chiama Cafarnao. Alcuni la ritennero una vena del Nilo, perché produce un pesce simile ad una specie che vive nel lago di Alessandria. La contrada si estende, lungo la riva del lago omonimo, per una lunghezza di trenta stadi e una larghezza di venti. Tale è, dunque, la sua natura. La lunghezza di questo paese si estende lungo le rive di questo lago che porta lo stesso nome per circa quattro miglia, ed è in ampiezza di due miglia e mezzo; e questa è la natura di quel luogo (*Guerra Giudaica* 3,516-521).

Se la natura di cui parlava Flavio Giuseppe può ancora essere ammirata oggi, è invece attraverso i resti di costruzioni e di manufatti che possiamo risalire al modo in cui si viveva nella Galilea del tempo di Gesù. Le diverse campagne archeologiche che si sono succedute nei siti della regione hanno anche cambiato la nostra percezione di quei luoghi. In un racconto di viaggio del 1870, dal suggestivo titolo di *Pellegrinaggio della prima carovana italiana al luoghi santi*, il sacerdote "tesoriere" di questo gruppo descriveva così le città che vedeva dal lago:

> Eravamo sulle sponde di quel mare solcato tante volte dal Messia e testimonio di tanti suoi prodigi, la giornata era splendida, e come tenersi dal montare in barca e visitar le rovine di tante città che un dì si specchiavano nelle sue acque? [...] Il vento era prospero e drizzammo la prora verso Cafarnao, indi passammo a Betsaida, quindi a Magdalo [= Madgala]. Quale solitudine! Colonne spezzate, enormi piedistalli, capitelli di ricco fregio, rovesciati su pavimenti a mosaico, sparsi a lunghi tratti per la deserta campagna. Non orma d'uomo vivente...[30].

La solitudine antica di quei luoghi ora non è più tale. Le rovine delle città e dei villaggi – come quelle di Cafarnao,

[30] G.M. Gelmi, *Pellegrinaggio della prima carovana italiana al luoghi santi nel 1870*, Tipografia Sonzogni, Bergamo 1871.

Tell Ḥum – rimesse in sesto dagli archeologi, sono visitate da migliaia di pellegrini che si recano ancora nei luoghi in cui è stato Gesù. I villeggianti israeliani, soprattutto in estate e durante le festività ebraiche, affollano i *kibbutzim* che si affacciano sul lago.

Le ultime ricerche archeologiche e storiche sulla Galilea, poi, hanno messo in luce alcuni importanti aspetti che vogliamo riassumere almeno velocemente. In particolare appare ingenua la caratterizzazione della Galilea sotto Erode Antipa (che la governò dal 4 a.C. al 39 d.C.) come un insieme di pochi villaggi di "contadini" basato su un'economia di sussistenza. Ora possiamo affermare, invece, che i villaggi della Galilea non erano poveri, e la stessa Cafarnao di Gesù non era un villaggio modesto, perché tra i ritrovamenti che vi sono stati fatti ci sono pure oggetti di lusso e di manifattura ricercata, anche di importazione[31]. I Galilei, poi, «non erano contadini. Sia i ricchi sia i poveri vivevano in città grandi, in cittadine e in villaggi»[32], e i resti archeologici più recenti non solo testimoniano una fitta rete di collegamenti tra i centri urbani, ma una ricchezza di attività economiche che potevano andare dalla lavorazione del

[31] Cfr. S.L. Mattila, «Revisiting Jesus' Capernaum: A Village of Only Subsistence-Level Fishers and Farmers?», in D.A. Fiensy – R.K. Hawkins (edd.), *The Galilean Economy in the Time of Jesus*, 75-138.

[32] M. Aviam, «People, Land, Economy, and Belief in First-Century Galilee and Its Origins: A Comprehensive Archaeological Synthesis», in D.A. Fiensy – R.K. Hawkins (edd.), *The Galilean Economy in the Time of Jesus*, 5-48; 43.

legno o della ceramica (negli strati più bassi) al commercio di vari beni, in negozi e mercati.

In questo modo, crolla non solo l'immagine di un Gesù "contadino ebreo mediterraneo" che predicava come un filosofo cinico itinerante[33], ma anche, e sempre attraverso prove strettamente archeologiche, l'idea di una Galilea belligerante e contro Roma, quasi che «i Galilei fossero più ribelli, zelanti, e radicali di altri Ebrei in altre parti dell'antico Israele»[34]. Le ricerche archeologiche, grazie ai ritrovamenti che testimoniano un'importazione massiccia di olio per lampade da Gerusalemme, poi, insieme alla presenza dei bagni rituali nei centri abitati, dicono di un sentimento religioso comune, che si viveva non solo nel seguire la Legge e i suoi precetti, ma in modo comunitario, nelle numerose sinagoghe che sono state scoperte pure grazie agli scavi recenti. I Galilei erano anche legati alla città templare, Gerusalemme: «la connessione tra la sinagoga e il Tempio si mostra come evidente nel tavolo di pietra ritrovato a Magdala, che veniva usato come tavolo di lettura. La sinagoga e il rotolo della Torà, che erano certamente parte della vita quotidiana di almeno alcuni dei residenti di Magdala, è simbolo della stretta relazione con il culto al

[33] J.D. Crossan, *The Historical Jesus. The Life of a Mediterranean Jewish Peasant*, T&T Clark, Edinburgh 1991.

[34] M. Aviam, «People, Land, Economy, and Belief in First-Century Galilee and Its Origins», 44.

Tempio»[35]. Gesù il Galileo non solo non era un "contadino" rivoluzionario, ma nemmeno un oppositore della Legge, di Gerusalemme[36] o del Tempio.

Non si deve certo svalutare il contesto difficile in cui Gesù è cresciuto, e che può essere descritto con efficacia con le parole di uno studioso che colloca Gesù all'interno dei movimenti di resistenza antiromani:

> Quando Gesù era un fanciullo, le legioni romane avevano bruciato i villaggi vicini, come Magdala e Sefforis e ucciso o rese schiave migliaia di persone; la memoria di questi massacri doveva essere a lungo stata ricordata in Galilea. Oltre a questo, Gesù doveva essere appena adolescente quando la ribellione era esplosa sotto la guida di Giuda e Zaddok il Fariseo [...], che avevano fomentato una sommossa religiosa contro il governo romano tra i contadini[37].

Riconoscere certi aspetti storici riguardanti la Galilea, in ogni caso, non pone Gesù tra le fila dei rivoluzionari (come del resto anche lo studio appena citato riconosce, affermando che «ovviamente, questi elementi della Galilea non sono

[35] Ivi, 45.

[36] Cfr. G. Michelini, «Gerusalemme nel vangelo di Matteo. Dalla città "santa" al campo di sangue», in G. Violi (ed.), *Terra di Dio. Dove la Parola si è fatta carne*, Cittadella, Assisi 2013, 161-197.

[37] F. Bermejo-Rubio, «Jesus and the Anti-Roman Resistance. A Reassessment of the Arguments», *Journal for the Study of the Historical Jesus* 12 (2014) 1-105; 29.

una prova del fatto che Gesù abbia agito come un rivoluzionario») come invece anche oggi alcuni scrittori, grazie alla pubblicità di editori di grande diffusione, lo presentano[38]: la parola di Gesù che meglio mostra il suo atteggiamento nei confronti di Roma è quella della non violenza e dell'amore verso il nemico (cfr. Mt 5,44). Con ciò, non possiamo negare a priori che Gesù, anche a ragione di quanto andava dicendo sul regno di Dio[39], potesse essere *visto* da alcuni – e poi effettivamente essere punito con la corrispondente pena, e proprio da un romano, Pilato – come un rivoluzionario.

Parlare di un Gesù Galileo, poi, non esaurisce la questione della sua identità, sebbene sia proprio in questo modo, con questa specificazione, che Gesù è definito, forse anche in senso dispregiativo, dalla giovane serva che si rivolge a Pietro nel cortile della casa di Caifa: «Anche tu eri con Gesù, *il Galileo*!» (Mt 26,69).

[38] Ci riferiamo all'immagine di un Gesù rivoluzionario e violento che emerge dal libro di Reza Aslan, *Gesù il ribelle*, Rizzoli, Milano 2013 (orig. inglese, *Zealot. The Life and Times of Jesus of Nazareth*, Random House, New York 2013), che pretende di essere uno studio storico su Gesù, ma è scritto da chi ignora anche le questioni più elementari della discussione sul Gesù storico, come ha giustamente osservato C.A. Evans, «Reza Aslan Tells and Old Story about Jesus», *Christianity Today*, 9 August 2013.

[39] Si pensi in particolare al detto di Gesù sui discepoli che avrebbero regnato sulle tribù di Israele, secondo Mt 19,28, allorquando Gesù sta probabilmente dicendo che i Dodici saranno come quei Giudici che, dopo Mosè e Giosuè, ebbero cura delle tribù di Israele e le guidarono. L'attesa di nuovi Giudici è testimoniata dall'Israele orante che, al tempo in cui probabilmente Matteo componeva il suo vangelo, pregava già con le *Diciotto benedizioni*, delle quali una recita: «Ripristina i nostri Giudici come all'inizio e i nostri consiglieri come un tempo e regna su di noi, tu, tu solo. Benedetto sii tu, Yhwh, che ami il giudizio».

La Galilea e i vangeli

Con lo studio sempre più approfondito della Galilea del tempo di Gesù, una delle conseguenze è stata quella di rivalutarne l'ambiente vitale e religioso in rapporto ai vangeli. Ora, gli esperti della regione, come Sean Freyne, ritengono che il vangelo secondo Marco – anche se probabilmente destinato ad una comunità più "universale", non solo al giudeocristianesimo locale – sia stato scritto proprio in Galilea o nelle vicinanze[40] (e non a Roma, come ad esempio affermavano alcuni Padri della Chiesa e come molti esegeti ritengono ancora). Il fatto che Marco sia stato ritenuto sin dalla tradizione antica un "interprete" di Pietro (Papia di Gerapoli, testimonianza del 115 d.C. circa), conferma quanto stiamo dicendo. La figura di Simon Pietro, a Cafarnao, è infatti di primaria importanza, e non solo perché nella sua casa viene ospitato Gesù, ma perché in questa città, secondo il vangelo di Matteo, Pietro esercita oramai il ruolo di suo "portavoce", rispondendo a nome di Gesù alla domanda di coloro che volevano sapere se il Maestro pagasse o meno la tassa del Tempio (Mt 17,24-27).

Ma oltre al vangelo di Marco, ora molti studiosi ritengono

[40] Cfr. S. Freyne, «Matthew and Mark: The Jewish Contexts», in E.-M. Becker – A. Runesson, (edd.), *Mark and Matthew*. I. *Comparative Readings. Understanding the Earliest Gospels in Their First-Century Settings*, Mohr Siebeck, Tübingen 2011, 179-203.

che anche quello di Matteo possa avere un'origine galilaica: più degli altri vangeli, per Matteo la casa di Gesù è a Cafarnao (cfr. 4,13), la sua missione si svolge in Galilea (cfr. cc. 3–18), e quindi l'evangelista potrebbe essere uno scriba di Tiberiade, o di Sefforis, o della stessa Cafarnao. Soprattutto, proprio in Galilea, insieme alla sua comunità Matteo sembra entrare in conflitto con l'emergente movimento rabbinico staccatosi (a causa della guerra giudaica) da Gerusalemme e approdato proprio in quella regione. Come si dirà nella conclusione, Cafarnao è un importante luogo di incontro-scontro tra i seguaci di Gesù e i farisei.

Galilea terra di relazioni

Gesù è cresciuto in una città della Galilea, Nazaret. Meglio, come specifica Luca, lì è stato "allevato" (Lc 4,16), riferendosi alla seconda fase della crescita di un fanciullo, quella che dopo il suo svezzamento comprende i primi anni a casa prima dell'educazione "fuori casa"[41]. Nel suo ministero pubblico, poi, Gesù ha attraversato tutta quella regione, in particolare toccando le tre città che formano un "triangolo" attorno al lago: Cafarnao, Betsaida e Corazin.

[41] Cfr. F. Bovon, *Luke 1. A Commentary on the Gospel of Luke 1:1–9:50*, Fortress Press, Minneapolis (MN) 2002, 152.

I nomi di questi centri abitati si trovano infatti nei vangeli, anche sulla bocca di Gesù, che facendo un bilancio della propria opera in quei luoghi, deve constatarvi l'incredulità nonostante i segni che vi aveva compiuto (cfr. Mt 11,20-24).

Matteo, riprendendo un testo dal profeta Isaia, scrive che Gesù si recò nella Galilea "dei pagani", o delle "nazioni", dei "popoli" (4,15). Le spiegazioni per questa definizione possono essere molteplici, e ne vedremo alcune più avanti. A noi interessa sottolineare che la regione che ha attraversato Gesù potrebbe essere considerata una terra di incontri e relazioni. Gesù, che vive a Cafarnao, esce da quella città coi suoi discepoli e passa per i villaggi della regione creando una rete di collegamenti e relazioni esemplare, possibile grazie alle già presenti connessioni fisiche tra posti centrali (le strade e la rete lacustre)[42].

4. Una lettura per l'oggi

Se volessimo ora attualizzare qualche elemento tra quelli appena esposti, torna anzitutto alla mente quanto scrive

[42] A riguardo delle strade come connessioni fisiche e della rete lacustre in rapporto a Gesù si veda D.C. Duling, «Movimento di Gesù e analisi delle reti sociali», in W. Stegemann – B.J. Malina – G. Theissen (edd.), *Il nuovo Gesù storico*, Paideia, Brescia 2006, 180-202 (orig. tedesco, *Jesus in neuen Kontexten*, Stuttgart 2002).

papa Francesco nell'Esortazione apostolica del 2013 *Evangelii gaudium* a proposito del *tempo*, affermando che esso «è superiore allo spazio»:

> Questo principio permette di lavorare a lunga scadenza, senza l'ossessione dei risultati immediati. Aiuta a sopportare con pazienza situazioni difficili e avverse, o i cambiamenti dei piani che il dinamismo della realtà impone. È un invito ad assumere la tensione tra pienezza e limite, assegnando priorità al tempo. Uno dei peccati che a volte si riscontrano nell'attività socio-politica consiste nel privilegiare gli spazi di potere al posto dei tempi dei processi. Dare priorità allo spazio porta a diventar matti per risolvere tutto nel momento presente, per tentare di prendere possesso di tutti gli spazi di potere e di autoaffermazione. Significa cristallizzare i processi e pretendere di fermarli. Dare priorità al tempo significa occuparsi *di iniziare processi più che di possedere spazi* (*Evangelii gaudium,* 222-223).

Sottolineare che il tempo che Gesù ha trascorso percorrendo le strade della Galilea e fermandosi nelle case e nei villaggi è stato vissuto da un *laico*, poi, ha delle conseguenze importanti. Il recupero di tale dato infatti può permettere alla Chiesa di rispondere a quell'insignificanza di cui soffrono i fedeli laici che ci ricorda ancora Francesco, pur essendo «semplicemente l'immensa maggioranza del popolo di Dio» non hanno «trovato spazio nelle loro Chiese particolari per poter esprimersi ed agire, a causa di un eccessivo clericalismo che li mantiene al margine delle decisioni» (*Evangelii gaudium,* 102). L'azione dei laici può far sì che «il cattolicesimo [che] non ha mai faticato a vivere l'immersione nel territorio attraverso una presenza solidale, gomito a gomito con tutte le persone, specie quelle più fragili», continui – anche a ragione della diminuzione delle vocazioni di speciale consacrazione – a percorrere quella «peculiare "via popolare"» della fede, «riconosciuta da tutti, anche dai non credenti»[43].

[43] Comitato preparatorio della Conferenza Episcopale Italiana, *Traccia per il cammino verso il 5° Convegno Ecclesiale Nazionale*, Roma 2014, 49.

II
Gesù a Cafarnao

«Che bella è questa città! Le sue case si vedono da distanza, e sembra quasi che nuotino nell'acqua». «Sì, Cafarnao è bella», rispose Simone, «e non lo è mai stata come adesso, quando è davvero – come significa il suo nome – la *città del Consolatore* e *della consolazione*»[44].

Maria, la madre di Gesù, così descriveva Cafarnao nel romanzo storico di Franz Delitzsch a cui abbiamo accennato nell'introduzione. L'esegeta tedesco si riferiva, nel dialogo immaginario tra Maria e Pietro, a due spiegazioni secondarie del nome di questo villaggio. Se il significato originale di Cafarnao è "villaggio di Nahum" (un personaggio sconosciuto, oppure un rabbino)[45], Girolamo intendeva il nome

[44] F. Delitzsch, *Ein Tag in Capernaum*, 66.
[45] Cfr. S. De Luca, «Capernaum», in Daniel M. Master (ed.), *Oxford Encyclopedia of the Bible and Archaeology*. 1. Oxford University Press, Oxford – New York 2013, 168-180; P. Kaswalder, «Le prime esplorazioni di Talhum-Cafarnao», in M. Adinolfi – P. Kaswalder (edd.), *Entrarono a Cafarnao*, 209-241; 211.

come "villaggio bellissimo" (*villa pulcherrima*) e Origene come "villaggio della consolazione". Non sappiamo cosa deve aver visto e provato Gesù avvicinandosi a quel luogo coi suoi discepoli («giunsero a Cafarnao»; Mc 1,21); sappiamo però cosa è accaduto prima che vi giungesse.

1. Prima di Cafarnao

Quando Gesù arriva nella cittadina della Galilea, secondo il racconto di Marco sono già avvenute diverse cose. Nei venti versetti precedenti l'ingresso di Gesù a Cafarnao, il secondo vangelo si apre con un Prologo (1,1-13) scandito in tre scene (l'annuncio del Battista; il battesimo di Gesù; la sua prova o tentazione), ambientate nel sud della Terra d'Israele. Solo al v. 14 si legge che lo stesso Gesù tornò in Galilea – da dove era venuto («da Nazaret di Galilea»; 1,9) – proclamando il Vangelo di Dio (1,14). È l'inizio del cosiddetto "ministero pubblico", una grande sezione del vangelo che si estenderà fino al racconto della passione, e che non comporta una cesura, ma evidenzia la continuità tra l'Antico Testamento e il Vangelo (tra Giovanni Battista e Gesù)[46].

[46] Cfr. A. Niccacci, «La narrativa di Mc 1», in M. Adinolfi – P. Kaswalder (edd.), *Entrarono a Cafarnao*, 59-71.

La sezione in cui viene inserita la giornata di Cafarnao, nel piano narrativo di Marco, ha poi anche un altro scopo: mostrare il progressivo passaggio dal successo di Gesù al rifiuto della sua persona e del suo messaggio. Anche Gesù in questa parte di vangelo compie dei passaggi importanti, dovendo attraversare continuamente alcune *soglie*. La trama narrativa di Marco lo fa passare «da uno spazio pubblico chiuso (la sinagoga) a uno spazio privato chiuso (la casa) a uno spazio privato aperto (la porta)»[47]; infine, dalla città, Gesù uscirà per andare oltre quella soglia, oltre Cafarnao.

A suo modo, anche il lettore deve seguire una traiettoria che lo porterà a domandarsi continuamente, in ogni pagina, "Chi è Gesù?"; la stessa domanda che gli abitanti di Cafarnao si faranno appena lo udranno insegnare (cfr. 1,27). Questo interrogativo rilancia sempre in avanti, e in fondo copre tutto l'itinerario del lettore, fino alla fine del vangelo. Anche chi prende in mano oggi il vangelo deve – come Gesù – varcare le proprie soglie.

Nel vangelo secondo Marco, Gesù arriva in città dopo aver costeggiato a piedi per qualche tratto il mare di Galilea (Mc 1,16). L'evangelista scrive che Gesù e i discepoli che hanno deciso di seguirlo (i fratelli Simone e Andrea, Giacomo e Giovanni) «giunsero a Cafarnao» (1,21). A questo punto

[47] G. Perego, *Marco*, 62.

inizia la descrizione della giornata di Gesù, o, meglio, di un suo *sabato*. Precedentemente, Marco aveva scritto solo che Gesù era venuto in Galilea «dopo che Giovanni era stato arrestato» (1,14).

L'evangelista Matteo, invece, per raccontare l'arrivo di Gesù in quella città parte da una prospettiva differente. Non si accontenta di dire che il Maestro vi giunge. Come è solito fare, Matteo vede la ragione del recarsi di Gesù in quel luogo alla luce delle antiche profezie. Scrive:

> [Gesù], udito che Giovanni era stato arrestato, si ritirò nella Galilea. E, lasciata Nazarà, andò ad abitare a Cafarnao, che sta sul lago, nei territori di Zabulon e Neftali, affinché si compisse quanto detto per mezzo del profeta Isaia: *Terra di Zabulon e terra di Neftali, verso il mare, al di là del Giordano, Galilea dei pagani* [*ethnos*], *il popolo* [*laos*] *seduto nella tenebra ha visto una grande luce, e per quelli seduti nella regione e nell'ombra di morte è sorta una luce* (Mt 4,12-16).

Si possono notare almeno due elementi importanti che distinguono la visione di Marco e quella di Matteo. In primo luogo, per l'evangelista Matteo sembra proprio che Gesù debba andare ad abitare uno spazio dove anche al suo tempo (e non solo in quello in cui scriveva Isaia, dal quale trae la citazione) si trovavano *due popoli*: quello dei pagani (nella

Galilea delle "genti", in greco *ethnos*) e "il" popolo (in greco *laos*) di Dio, Israele, qui raffigurato come bloccato in una notte tenebrosa, a causa dell'invasione degli Assiri (734-733 a.C.). Citando il testo isaiano, Matteo mostra come Dio sia fedele alle sue promesse, perché in quella città dove Gesù sta per giungere ci sono proprio tutti: ebrei e pagani. Gesù, venuto anzitutto per i primi (cfr. Mt 25,24: «Non sono stato mandato se non alle pecore perdute della casa d'Israele»), non mancherà di rivolgersi anche ai popoli rappresentati dal soldato romano a cui guarirà il servo (o il *figlio*; cfr. Mt 8,5-13).

In secondo luogo, mentre Marco non sottolinea questo dettaglio, Matteo sembra dire che la missione di Gesù a Cafarnao e lungo il lago di Galilea prende l'avvio in uno dei momenti più difficili della sua vita, ovvero quando viene a sapere (alla lettera, "udì"; Mt 4,12) che il Battista era in carcere. Questa notizia lascia indifferente Luca, che non la collega in alcun modo con la partenza di Gesù (è infatti lo Spirito Santo che lo conduce in Galilea; cfr. Lc 4,14-16), e per Marco il collegamento tra l'arresto del Battista e la partenza di Gesù è solo temporale: "dopo" (Mc 1,14) la consegna del Battista, Gesù sale in Galilea. Matteo, invece, insiste sul fatto che Gesù si ritira a Nazaret appena udito dell'arresto del suo amico, costruendo così un collegamento di tipo causale. Sembra di capire che per Gesù si tratta di un'assunzione di responsabilità, ma che costa già, sin dall'inizio, un prezzo. Siccome il Battista non può più parlare, è Gesù che da quel momento – e solo da quel momento – annuncia. «*Da allora*», continua il brano di Matteo che abbiamo interrotto sopra, «Gesù cominciò a predicare» (Mt 4,17). Forse già al tempo di Gesù circolava quell'insegnamento di Rabbi Hillel, un maestro di poco anteriore a Gesù, i cui detti per certi tratti sono simili ai suoi, divenuto famoso: «Se non sono io per me, chi è per me? ma se anche io sono per me, che cosa sono io? e se non ora, quando?» (*Pirqe Avot – Etica dei Padri,* 1,14). Se non si può contare sugli altri – il Battista, colui che prima di Gesù "annunciava", ormai è in carcere – si deve andare, e in fretta, prima che sia troppo tardi. Gesù, così, accoglie la sfida.

L'annunciare – nel vangelo secondo Marco, come si è appena visto – non è riservato solo a Gesù. «Il secondo vangelo fa un uso distinto dei verbi *keryssō* ("proclamare", "annunciare", "predicare") e *didaskō* ("insegnare"). Mentre il primo ha come soggetto Gesù, Giovanni Battista, i discepoli e la comunità cristiana, indicando la prima proclamazione del Vangelo, il secondo ha per soggetto esclusivamente Gesù»[48]. Ma Gesù non ha ancora iniziato ad insegnare; prima deve entrare nella sinagoga di Cafarnao, dove lo attende un'altra sfida.

[48] Ivi, 56-57.

2. Cafarnao

Cafarnao[49] non era certo il centro abitato più grande della Galilea, ma si trovava su una via importante che congiungeva Damasco e il mare Mediterraneo, la *Via Maris*, ragione per cui poteva esservi acquartierato uno stanziamento di soldati (romani o erodiani), secondo quanto si legge anche in Mt 8,5[50]. Gli archeologi hanno trovato a poche decine di metri dalla città antica un miglio romano, con l'iscrizione «Imperator Caesar Divi» ad indicare che quello era un punto strategico per Roma. Gesù, come si dirà tra poco, è un cittadino che abita in un grosso villaggio, ma è anche un itinerante che doveva usare le vie di comunicazione più veloci.

Oltre alle strade, Cafarnao era aperta ad una grande via che è il lago, fonte di acqua pulita da bere, quella del Giordano, e di vita. Come accadeva in molti villaggi o città attorno al mare di Galilea, gli abitanti di Cafarnao dovevano

[49] Per un punto su Cafarnao e l'archeologia, oltre al già citato articolo di S. De Luca, «Capernaum», si veda l'utile sito della Custodia di Terra Santa, www.cafarnao.custodia.org/. Per altre questioni generali riguardanti l'archeologia della Terra Santa, si può vedere J. Magness, *The Archaeology of the Holy Land: From the Destruction of Solomon's Temple to the Muslim Conquest*, Cambridge University Press, Cambridge 2012.

[50] Così J.H. Charlesworth – M. Aviam, «Reconstructing First-Century Galilee: Reflections on Ten Major Problems», in J.H. Charlesworth – B.R. Rhea – P. Pokorný (edd.), *Jesus Research. New Methodologies and Perceptions. The Second Princeton-Prague Symposium on Jesus Research*, Eerdmans, Grand Rapids (MI) 2014, 103-137; 125, contro l'opinione di chi, come J.L. Reed, *Archaelogy and the Galilean Jesus. A Re-examination of the Evidence*, Trinity Press, Harrisburg (PA) 2000, 162, ritiene «non storicamente plausibile che un centurione Romano con 100 legionari potessero essere stanziati a Cafarnao», e pensa piuttosto a soldati di Erode Antipa.

essere pescatori di mestiere: il villaggio aveva un porto, e sotto il pavimento di quella che si ritiene essere stata la casa di Simone sono stati trovati esemplari di ami da pesca. Nei cortili delle case sono stati rinvenuti presse, forni, macine che mostrano l'evidenza di una città laboriosa.

La stima della popolazione della cittadina varia, a seconda degli studiosi, da mille a quindicimila abitanti, anche se una cifra non esagerata sembra la più plausibile, tenendo conto che una città grande come Pompei doveva ospitare al massimo diecimila persone[51]. Si potrebbe perciò parlare di un grosso villaggio, o di una cittadina, ma gli evangelisti usano un termine, *polis* (Mc 1,33; Mt 9,1), che implica proprio il significato di *città*, come diremo anche più sotto.

Un elemento interessante che riguarda la giornata di Gesù a Cafarnao è il suo incontrarvi lì molte persone inferme. Come potevano esserci in quel villaggio così tanti malati e indemoniati? Forse possiamo dare una spiegazione a tale afflusso grazie al fatto che a circa 3 km da Cafarnao c'è una località che prendeva il nome dalle sue "sette fonti" o sorgenti d'acqua: *Heptapegon*, parola che fu corrotta in arabo in *et-Tabgha*, da cui Tabga. Qui vi erano anche – come alcuni storici antichi testimoniano – fonti termali terapeutiche di acqua calda, che favorivano l'afflusso di

[51] Cfr. S.L. Mattila, «Revisiting Jesus' Capernaum», 84.

ammalati che andavano lì a curarsi. Avendo saputo quello che accadeva in città (in sinagoga e nella casa di Simone), gli ammalati, dalle fonti termali della vicina Tabga, forse decisero di andare a Cafarnao. Potrebbe essere addirittura questo il motivo del trasferimento di Gesù da Nazaret alla città sul lago (motivo che comunque non contraddice la lettura teologica di Matteo, di cui si è detto sopra), come spiega Sean Freyne:

> Sappiamo da Giuseppe Flavio che nella regione di Cafarnao c'erano guaritori di professione, dal momento che una volta, essendo egli caduto da cavallo, gli furono condotti *iatroi* [= medici] (*Vita* 403). In un altro passo, mentre elogia la fertilità della piana di Gennosar, Giuseppe Flavio parla di una sorgente assai feconda «che gli indigeni chiamano Caphernaum» (*Guerra Giudaica* 3,519). Questo contesto naturale e sociale potrebbe spiegare perché Gesù, una volta scoperta la propria forza taumaturgica, si sia spostato da Nazaret in questa regione e perché qui abbia avuto luogo la maggior parte delle guarigioni evangeliche[52].

[52] S. Freyne, «Tra sinagoga e impero. 1. Alla ricerca dei ruoli delle donne nell'antica Palestina romana alla luce del vangelo di Marco», in M. Navarro Puerto – M. Perroni (edd.), *I vangeli. Narrazioni e storia*, Il Pozzo di Giacobbe, Trapani 2012, 45-65; 53.

Cafarnao, Gesù e i suoi discepoli

Gesù e i suoi discepoli, appena chiamati dalla riva del lago, non giungono alla cittadina per le ragioni che portavano molti alle sorgenti curative. Ma non è affatto casuale che l'evangelista Marco scriva che Gesù e i discepoli con lui «*giunsero* – al plurale – a Cafarnao» (Mc 1,21). Matteo, invece, centrando tutto su Gesù e sulla sua singola persona nella quale, come si è detto, si realizzano le profezie, puntualizza che Gesù «*andò* – singolare – ad abitare a Cafarnao» (Mt 4,13); è lui, ancora al singolare, più avanti, sempre secondo Matteo, ad entrare in città (Mt 8,5).

È stato notato che da quando Gesù fa il suo ingresso nella città di Cafarnao «non si muoverà più da solo, ma apparirà sempre accompagnato dai discepoli, come si evince dai verbi al plurale»[53]. Gesù, a cominciare da quel luogo, vive l'esperienza della continua compagnia dei discepoli: li chiama, li educa, li ascolta, li rimprovera, li corregge, li perdona. Se solo più avanti ne sceglierà alcuni perché stiano più vicini a lui per annunciare (cfr. Mc 3,14-15), già dai primi passi del Messia si vede che – pur rimanendo, soprattutto nel vangelo di Marco, l'unico

[53] M. Rescio, *La famiglia alternativa di Gesù. Discepolato e strategie di trasformazione sociale nel Vangelo di Marco*, Morcelliana, Brescia 2012, 195.

protagonista e Maestro – non compie un'azione solitaria, da *leader* isolato. Ha insegnato uno stile che poi, nel vangelo secondo Matteo, sarà definito dalla parola "chiesa" (cfr. Mt 16,18; 18,17).

Un dettaglio interessante si trova in un vangelo non canonico, giunto a noi grazie alla testimonianza di Epifanio di Salamina di Cipro (366-403), il *Vangelo degli Ebioniti*. In questo apocrifo giudeo-cristiano, che prende il nome dall'ebraico *ebionim* (cioè "poveri", espressione che identificava una setta giudaica che viveva in Transgiordania), si legge quanto segue:

> C'era un uomo di nome Gesù, di circa trent'anni, che ci scelse. E, quando arrivò, a Cafarnao, entrò nella casa di Simone, soprannominato Pietro, e si mise a parlare dicendo: «Passando vicino al lago di Tiberiade ho scelto Giovanni e Giacomo, figli di Zebedeo, Simone, Andrea, Taddeo, Simone lo Zelota e Giuda Iscariota. Ho chiamato anche te, Matteo, quando stavi seduto nel luogo di riscossione delle imposte e mi hai seguito. Così voglio che siate dodici apostoli come testimonianza per Israele» (*Panarion* 30,13,2-3)[54].

[54] Traduzione da A. Puig i Tàrrech, *I vangeli apocrifi*, 1, San Paolo, Cinisello Balsamo (MI) 2010, 147.

A parte il fatto che qui sono riportati solo i nomi di alcuni apostoli[55], notiamo che se anche la voce narrante è anzitutto quella di uno dei Dodici («... ci scelse»), cioè Matteo, subentra poi il discorso diretto di Gesù a dare ancora maggiore vivacità alla scena. Gesù qui è un giovane uomo di trent'anni, e invia i suoi anzitutto al proprio popolo, Israele, come si dice esattamente nel vangelo di Matteo (cfr. Mt 10,6). In questo testo settario, però, tutta la scena si svolge *in una casa*. Che cosa questo possa implicare e perché sia stata scelta tale localizzazione, non ci è dato saperlo con certezza. Almeno, però, si può dire che l'ambientazione è più ordinaria rispetto a quella solenne di cui si legge all'inizio del discorso d'invio, al capitolo decimo di Matteo. La missione dei discepoli di Gesù sembra addirittura prendere avvio da un ambiente domestico, dalla ferialità di una giornata come le altre.

3. Gesù in una città

Cafarnao, così scrive l'evangelista Matteo, è la città di Gesù (Mt 9,1: «la sua città»). Le città saranno i luoghi

[55] Forse per una svista di Epifanio che non ha riportato l'intero testo; cfr. J.R. Edwards, *The Hebrew Gospel and the Development of the Synoptic Tradition*, Eerdmans, Grand Rapids (MI) 2009, 66-68.

in cui anche i discepoli del Signore saranno chiamati ad annunciare il Vangelo (secondo il racconto degli Atti degli Apostoli); si discute, invece, su quanto Gesù abbia frequentato grandi centri urbani, anche perché le notizie a riguardo sono poche. Secondo coloro che hanno tentato di ricostruire le “mappe mentali” dei vangeli, sulla base degli itinerari di Gesù, «l’obiettivo della sua esistenza e il suo spazio d’azione appaiono quasi esclusivamente collocati in aree rurali e in agglomerati di non grande importanza urbana e politica. I villaggi dovevano apparire a Gesù come i veri gangli vitali del territorio in cui si svolgeva la sua attività»[56]. I vangeli in effetti concordano nel non collocare l’attività di Gesù nelle grandi città: almeno «il Gesù di Marco è di certo un uomo di villaggio che guarda alle grandi città e a tutto il resto della Terra di Israele a partire da un punto di vista periferico e marginale», senza scegliere però «la marginalità come ripiego o rinuncia, ma come punto di forza». Ne deriva che Gesù, nel suo tempo trascorso in Galilea, è piuttosto un «profeta dei villaggi. Pur scegliendo Cafarnao e la casa di Pietro come suo quartier generale specialmente per gli inizi del suo ministero, egli è stato un maestro itinerante e si è mosso da un villaggio all’altro. […] Gesù sembra abbia voluto

[56] A. Destro – M. Pesce, *L’uomo Gesù*, 20.

sempre porsi nel raggio d'azione delle due capitali senza mai entrare in esse!»[57].

A nostro parere, però, proprio Cafarnao costituisce un caso a parte. Più che a Nazaret, è qui che Gesù stabilisce la sua base per i viaggi che compie, grazie alle strade che la attraversavano e alla possibilità che fornivano le barche come mezzi di trasporto. È in questa città che Gesù abita e incontra la sua gente. La ragione per cui di Gesù i vangeli non raccontano alcun soggiorno o nessuna visita alle grandi città della Galilea, come Sefforis o Tiberiade, è oggetto di discussione: si possono registrare le opinioni più disparate, da quella più semplice (Gesù non c'è mai stato), ad altre basate sulla memoria delle antiche comunità cristiane (che non avrebbero conservato alcun ricordo in proposito) e altre ancora, come quella che vede Gesù rifiutare sistematicamente di predicare nelle città che erano le capitali del potere romano[58].

Se Gesù non ha vissuto in una grande città ellenistica dell'Impero Romano nella Provincia della Giudea, non vuol dire che fosse disinteressato alla vita di quella cittadina. Anzi, dobbiamo pensare che Gesù, abitando in quella

[57] C. Bazzi, «Oltre i testi – sotto le pietre: archeologia e ambiente di Gesù», in C. Bazzi – G. Biguzzi (edd.), *Cantiere aperto sul Gesù storico*, Urbaniana University Press, Città del Vaticano 2012, 233-265; 240.

[58] Così J.L. Reed, *Archaelogy and the Galilean Jesus*, 49-51; cfr. F. Bermejo-Rubio, «Jesus and the Anti-Roman Resistence», 62.

polis, possa essere definito anche *homo politicus*[59], ovvero un cittadino (non certo con la cittadinanza romana) attento alla vita della sua città. Questo fa di lui un membro della comunità di Israele, interessato a quanto riguardasse quel popolo, alla sua città e soprattutto alle persone che la abitavano. Affermare questo, se possibile, è ancora più importante che mettere in rilievo il ruolo politico di Gesù in rapporto all'Impero Romano. Gesù non dovrebbe perciò essere visto come un pericoloso rivoluzionario, ma almeno come una persona attiva e partecipe della vita civile. Certo, a Cafarnao non vi erano, tranne la sinagoga di cui diremo, strutture pensate per ospitare organismi di autogoverno[60] o di partecipazione come le basiliche (ritrovate invece a Sefforis), nelle quali si amministrava la giustizia, e nemmeno spazi pubblici importanti[61], come un mercato stabile, o un anfiteatro, e strutture pubbliche come un acquedotto, un *decumanus* o un *cardo maximus*, e nemmeno mura. Tutte queste caratteristiche, tra l'altro, confermano il carattere di Cafarnao come centro minore rispetto ad altre città della Galilea[62].

[59] La definizione di Gesù come *homo politicus* si può trovare in J.H. Yoder, *Revolutionary Christianity. The 1966 South American Lectures*, Wipf and Stock, Eugene (OR) 2012, 65.

[60] Cfr. J.S. Jeffers, *Il mondo greco-romano all'epoca del Nuovo Testamento*, San Paolo, Cinisello Balsamo (MI) 2004, 84.

[61] Cfr. J.L. Reed, *Archaelogy and the Galilean Jesus*, 153.

[62] Si veda la tabella che confronta gli elementi caratterizzanti una città o un villaggio, in D.A. Fiensy, «The Galilean Village in the Late Second Temple and Mishnaic Periods», in D.A. Fiensy – J.R. Strange (edd.), *Galilee in the Late Second Temple and Mishnaic Periods*, 177-297; 192.

Gesù, in una cittadina come quella in cui è vissuto, ha potuto comunque esercitare un ruolo civile, pagando sia la tassa per Roma (Mc 12,13-17), sia quella per il Tempio, di cui sappiamo per un episodio ambientato proprio a Cafarnao (Mt 17,24-27). Gesù, poi, frequentava la sinagoga che non era solo un luogo religioso, ma «una istituzione comunitaria che serviva l'intera gamma di esigenze di una particolare comunità, come spazio per incontri politici, sociali, come tribunale, scuola, ostello, per le attività di beneficenza, l'affrancamento degli schiavi e i pasti»[63]. Ed è per questa ragione che anche il primo esorcismo di Gesù, compiuto in una sinagoga, può assumere un senso politico "simbolico": «Nei suoi *esorcismi* Gesù vede l'arrivo del regno di Dio. Di solito la signoria di Dio significava generalmente la vittoria sui pagani, qui diventa vittoria sui demòni. Ma dietro i demòni non si nascondono le potenze straniere? In una tradizione su Gesù (indubbiamente permeata di elementi fittizi) un demone si chiama orgogliosamente "Legione" (Mc 5,9)»[64].

[63] A.Y. Collins, *Mark. A Commentary on the Gospel of Mark*, Fortress Press, Minneapolis (MN) 2007, 164.

[64] G. Theissen, «La dimensione politica dell'attività di Gesù», in W. Stegemann – B.J. Malina – G. Theissen (edd.), *Il nuovo Gesù storico*, 150-164; 161. Gerd Theissen vede un'azione politica di Gesù non solo negli esorcismi, ma nella scelta dei dodici discepoli, nel suo ingresso a Gerusalemme e nella purificazione del Tempio. Rifiutando una politica della forza, Gesù esercita comunque un potere promettendo vantaggi in questo e nell'altro mondo; accettando di essere vittima della coercizione; con la persuasione carismatica; «la *politica simbolica* prende il posto della politica violenta» (p. 152).

4. Una lettura per l'oggi

L'impegno *politico* è una forma di carità che può essere esercitata a più livelli, a favore di quegli uomini e quelle donne che vivono nella propria città, nel proprio paese, addirittura in un intero continente. Ci torna alla mente quello che il sindaco di Firenze e Servo di Dio Giorgio La Pira (1904-1977) scriveva nel 1958 in una lettera a papa Pio XII, chiedendosi quale ruolo doveva avere un paese affacciato sul Mediterraneo come l'Italia all'interno dello scacchiere internazionale. Parlava di una "intuizione" che lo portava a paragonare il mare Mediterraneo a

> "il lago di Tiberiade" del nuovo universo delle nazioni: le nazioni che sono nelle rive di questo lago sono nazioni adoratrici del Dio di Abramo, di Isacco, di Giacobbe; del Dio vero e vivo. Queste nazioni, col lago che esse circondano, costituiscono l'asse religioso e civile attorno a cui deve gravitare questo nuovo Cosmo delle nazioni [...]. E praticamente cosa fare? Cosa deve fare l'Italia cristiana? Preoccuparsi (con la preghiera, con la meditazione e con l'azione prudente, ma intelligente e a "largo respiro") della "unificazione", della convergenza, di queste nazioni mediterranee: svolgere la propria azione politica, economica, culturale, sociale (religiosa) ecc. in vista della costituzione di questo "centro" del nuovo universo delle

nazioni: in vista della costituzione di questo punto di attrazione e di gravitazione delle nazioni: perché da Oriente e da Occidente le nazioni "vengano a bagnarsi" in questo grande lago di Tiberiade, che è, per definizione, il lago di tutta la terra[65].

Si trattava di un progetto civile che La Pira ha davvero attuato, favorendo l'incontro di governanti e politici nella sua città. Per qualche tempo la città toscana di cui era sindaco era divenuta centro di gravitazione per i popoli del Mediterraneo, e quel mare era un "mare di Tiberiade" nel quale hanno potuto, scriveva La Pira nella stessa lettera, "ribagnarsi" per far fiorire «la loro rinascita e la loro nuova ripresa». Come era già accaduto una volta, quando il lago di Galilea, grazie alla presenza di Gesù, era il luogo di comunione e incontro di tante persone, attorno a lui.

[65] G. La Pira, *Lettera a Pio XII* (4 maggio 1958); www.giorgiolapira.org/?q=content/pio-xii-mediterraneo-nuovo-lago-di-tiberiade-1958.

III

La mattina del sabato

Prima che il mondo venisse creato, non c'era nessuno che lodasse Dio e lo conoscesse. Perciò Egli creò gli angeli e le sacre *Hayyot* [= le sacre bestie], i cieli e quanto contengono, e anche Adam. E tutti lodavano e glorificavano il loro Creatore. Durante la settimana della creazione, però, non c'era un tempo adatto per proclamare lo splendore e la lode del Signore. Soltanto il sabato, quando tutta la creazione riposò, gli esseri sulla terra e in cielo, tutti insieme, iniziarono a cantare e adorare, quando Dio ascese sul suo Trono e vi si sedette[66].

Questo testo della mistica ebraica descrive bene la differenza tra il sabato e tutti gli altri giorni. Non si tratta solo della questione del *riposo*, quanto piuttosto della possibilità, finalmente, dopo una settimana, di dar lode a Dio per la creazione.

[66] *Zohar Hadash*, Gen 2.4,22a; in L. Ginzberg, *Legends of the Jews*, 1, The Jewish Publication Society, Philadelphia (PA) 2003, 83.

Il racconto sul sabato di Gesù nella sinagoga di Cafarnao, come il suo insegnamento e l'esorcismo che causa stupore nella gente, è una pagina fondamentale del secondo vangelo. Addirittura, ha un carattere programmatico che la caratterizza rispetto all'intero vangelo[67]: per la sua posizione, perché vi si trova in apertura; perché per la prima volta vi compaiono termini e temi importanti per il vangelo; perché Gesù vi svolge un ruolo evidentemente da protagonista. La concentrazione dei seguenti motivi, in particolare, aiuta a dare ragione dell'importanza della pericope: la presenza di Gesù coi discepoli; il confronto tra l'insegnamento di Gesù e quello degli scribi; la questione sull'identità di Gesù e sulla sua autorità; lo stupore della gente. Tutto questo rende il vangelo di Marco fortemente orientato alla missione, perché Gesù sin dal primo momento, dall'inizio del suo ministero, compie ciò che lo caratterizzerà meglio: la missione con le parole e le opere. È per questa ragione, tra l'altro, che la missione dei discepoli è così anticipata, nel vangelo di Marco (cfr. 3,13-15), rispetto agli altri sinottici (Mt 10; Lc 6,12-13).

Non è nemmeno casuale, allora, che il "programma" di Gesù venga presentato dall'evangelista Marco in un giorno speciale, lo *Shabbat*.

[67] Si tratta della tesi fondamentale di J. Chijioke Iwe, *Jesus in the Synagogue of Capernaum.*

1. Il Santo di Dio santifica il sabato (Mc 1,21)

La giornata di Cafarnao, come si dirà nel capitolo VII, non può essere definita in senso stretto una "giornata-tipo" di Gesù: si tratta di uno *Shabbat*. Secondo la sapienza biblica e giudaica, tale settimo giorno deve essere differente (*santificato*) rispetto ad altri perché è il giorno in cui cessa ogni lavoro, e perché durante quel giorno si *riconosce la santità* di Dio. I tanti miracoli e le guarigioni compiute da Gesù in questo giorno, come quelle di Cafarnao, dicono non solo come egli libera l'uomo, ma come questo giorno conservi un suo speciale carattere di umanizzazione della vita.

Il settimo giorno e l'inattività lavorativa

Uno dei fondamenti del sabato ebraico, sul piano antropologico, è quello che riguarda l'inattività lavorativa. Il *non lavorare*, nella nostra società, assume connotazioni alquanto particolari rispetto ai tempi precedenti. Ad esempio, è stato studiato dai sociologi non solo il problema della disoccupazione e della conseguente diminuzione di dignità della persona, ma anche, in rapporto alla gestione del tempo, «la crisi di identità individuale e collettiva» che deriva dalla «perdita del significato del tempo-vita da parte di un intero corpo sociale, costretto all'inattività», crisi che ad esempio ha luogo quando in un paese o in una città chiude un'importante fabbrica[68].

Molto diverso è il caso del riposo nel giudaismo, dove avviene proprio il contrario: dall'inattività lavorativa, una crescita di senso per l'uomo. Partendo dall'assunto che l'uomo è quotidianamente impegnato in una vera e propria lotta per dominare le cose, se stesso e in fondo tutta la creazione, compreso il *tempo*, questo uomo rischia di dimenticare chi è Colui dal quale proviene la realtà. Un ebreo credente, per ovviare a questo rischio, direbbe che Israele, nel mondo, ha proprio il compito di conservare quella verità che è necessaria per la salvezza del mondo stesso, esprimendosi più o meno in questo modo: «Noi rinunciamo in questo giorno a qualsiasi attività di controllo intelligente e finalizzato sulle cose e sulle forze della natura; interrompiamo qualsiasi atto di potenza umana al fine di proclamare Dio Fonte di ogni potere. Astenendosi dall'esercitare la potenza umana, l'ebreo rende un silenzioso omaggio al Creatore»[69].

Da qui ne diviene che il comando riguardante lo *Shabbat* non ha a che fare semplicemente con l'idea dell'astensione

[68] Si tratta del caso studiato nel 1933 nel paesino austriaco di Marienthal, del quale riferisce D. Pacelli, «Tempo e analisi sociologica», in D. Pacelli – M.C. Marchetti, *Tempo, spazio e società. La ridefinizione dell'esperienza collettiva*, Franco Angeli, Milano 2007, 27-91; 58-60.

[69] I. Grunfeld, *The Sabbath: A Guide to Its Understanding and Observance*, Sabbath League of Great Britain, London 1954; trad. italiana: *Lo Shabbàth. Guida alla comprensione e all'osservanza del Sabato*, Giuntina, Firenze 2000, 29.

dal lavoro. Piuttosto, si dovrebbe parlare di astensione dall'*operare*, da ogni "opera", idea che (nell'accezione ebraica di *melakhà*) implica molto più che un lavoro. Secondo la tradizione giudaica antica sono trentanove le attività da cui astenersi: arare, seminare, mietere, formare covoni, trebbiare, ventilare, selezionare, setacciare, macinare, impastare, cuocere, tosare, sbiancare, pettinare filati greggi, tingere, filare, operazioni di tessitura (di tre tipi), separare in fili, fare un nodo, disfare un nodo, cucire, strappare, tendere trappole o cacciare, macellare, scuoiare, conciare pelli, levigare pelli, rigare, tagliare secondo forma determinata, scrivere, cancellare, costruire, demolire, accendere il fuoco, spegnere il fuoco, dare l'ultimo colpo di martello a un oggetto di nuova costruzione, portare oggetti da una proprietà privata a una pubblica (o viceversa)[70]. Se molte di queste opere riguardano il lavoro agricolo o degli allevatori, è perché si tratta di esemplificazioni dei tipi principali di attività produttive. Tra queste, ve ne è una proibita di sabato, quella del "mietere", che è ricordata anche nei vangeli, in Mc 2,23-28 (Mt 12,1-8; Lc 6,1-5). La questione – alquanto complicata – che qui è in gioco con i farisei non è, come potrebbe apparire a una lettura superficiale, il valore del *sabato*, che Gesù sarebbe venuto ad abolire. Se Gesù

[70] Cfr. I. Grunfeld, *Lo Shabbàt*, 25-26.

avesse voluto fare questo, non avrebbe difeso i discepoli come sta facendo, dimostrando che essi di fatto *non hanno violato il precetto del sabato*. La controversia non riguarda l'osservanza del giorno in sé, quanto piuttosto il *modo* in cui, in termini pratici, questa doveva essere compiuta. Nel vangelo di Matteo, poi, siccome Gesù si appoggia su un versetto del profeta Osea («Misericordia io voglio, e non sacrificio»; Os 6,6), ha occasione di richiamare il *principio della misericordia* che deve valere più di ogni altra cosa. I farisei sono in errore in quanto condannano i discepoli: l'uomo è "signore del sabato" (Mc 2,28).

Per Gesù, invece, la dignità e la vita di un uomo valgono più del sabato – che comunque non viene abolito o trascurato – per il principio del "salvare una vita", applicabile in tanti modi: nel poter mangiare e sfamarsi, raccogliendo le spighe di grano (Mc 2,23-28); nel poter usare per la prima volta una mano inaridita (Mc 3,1-6); nel potersi rialzare dal proprio lettuccio dopo una vita da paralitico (Gv 5,1-18). Salvando l'uomo, Gesù salva anche il senso dello *Shabbat*.

Si notino ancora due cose. Nell'elenco delle operazioni proibite di sabato riportato sopra si parla anche di "cuocere", o di "accendere fuochi": attività, cioè, tipicamente femminili. Lo *Shabbat* vuole tutelare anche la donna, che non deve cucinare in quel giorno e avere così la possibilità di riposarsi e affrancarsi dalla routine quotidiana. Infine, tra queste *melakhot* o "opere" non permesse di sabato ve ne è una significativa, quella riguardante il portare e sollevare pesi. Ha a che fare proprio con la giornata di Cafarnao: per questo, come si vedrà, per poter portare i malati a Gesù, si doveva aspettare la fine di quel giorno santo.

Gesù il Santo

Gesù viene riconosciuto dallo spirito impuro in forza della sua *santità* («Io so chi tu sei: il santo di Dio!»; Mc 1,24). Questa è una caratteristica fondamentalmente di Dio, perché a lui si addice la santità. Ora, però, essa viene attribuita al suo inviato con una espressione, "santo di Dio", che nell'Antico Testamento si ritrova solo nella Bibbia greca dei LXX, nel libro dei Giudici 13,7 in riferimento a *Sansone*, uomo destinato sin da bambino a servire Dio in modo speciale, con un voto, appunto come «nazireo di Dio» (cfr. Nm 6,11-21). L'idea che Gesù sia "santo", pertanto, deve essere vista a partire dal concetto di santità nell'Antico Testamento e di come è stata intesa nel giudaismo.

Nella riflessione rabbinica che poi confluirà in testi successivi ai vangeli (come la *Mishnà*), si trova un concetto di santità – elaborato con la Bibbia ebraica – che forse rappresenta l'aspetto principale della santità di Dio, e che poi verrà applicato all'idea di santità del suo popolo, Israele: quello di *alterità*, *separazione*, *differenza*. Così si legge, ad esempio, in un testo profetico, nel quale Dio si presenta come totalmente "altro": «Io sono Dio e non un uomo, io sono il Santo in mezzo a te» (Os 11,9). «In questo enunciato sono esplicitate le due dimensioni della santità (si potrebbe dire, dell'identità) di Dio, paradossali e complementari: l'alterità e l'appartenenza»[71]. Il concetto biblico di santità, dunque, si distanzia molto da quello delle concezioni moderne, dove essa viene vista quasi come sinonimo di perfezione morale o di eroismo delle virtù. La santità di Dio come "alterità" o "differenza", però, non implica la distanza. Quello stesso Dio sceglie Israele perché sia un popolo "santo" («Tu sei un popolo santo [ebraico: *qadosh* / greco: *hagios*] per il Signore tuo Dio»; Dt 7,6), che sappia conservare questa differenza, non vivendo come le nazioni e i pagani, e non assimilandosi alle loro usanze ed idolatrie. Ecco perché uno dei modi per conservare l'identità di popolo santo è sempre stato, per Israele, la santificazione del sabato. In particolare, nei tempi più difficili della propria storia, come quando poteva mancare ad Israele un radicamento con la Terra, e cioè «durante l'esilio, il sabato divenne un segno

[71] M. Grilli, «La santità di Dio e di Israele: alterità e appartenenza», in M. Grilli – J. Maleparampil (edd.), *Il diverso e lo straniero nella Bibbia ebraico-cristiana. Uno studio esegetico-teologico in chiave interculturale*, EDB, Bologna 2013, 15-27; 29.

dell'identità religiosa ed etnica, insieme ad altre pratiche, e servì a conservare la precaria comunità esiliata, con le sue consuetudini religiose»[72].

È dunque lo stesso Dio "santo" che, leggiamo nel vangelo di Marco, ha inviato ora il "suo" Santo, il Figlio Gesù, per santificare il proprio popolo. Egli è almeno riconosciuto come tale dallo spirito impuro che, invece, non permette agli uomini di vivere nella santità.

La santificazione dello Shabbat

Lo *Shabbat* era già stato interpretato nell'antichità come giorno separato e differente dagli altri sei, non solo perché giorno del riposo (cfr. Es 20,8-11), ma anche perché simbolo della liberazione da ogni schiavitù (Dt 5,15). Non stupisce, pertanto, che tanti miracoli di guarigione di Gesù abbiano luogo di sabato: in quel giorno l'uomo trova il suo *riposo* dalla sofferenza, ed è *liberato* dal male che lo tiene prigioniero, fosse anche quello di una mano paralizzata (cfr. Mc 3,1-6).

Il sabato, poi, aveva una caratteristica spiccata di festa religiosa familiare, legata cioè non tanto (o non più, a par-

[72] R. Schmitt, «Rites of Family and Household Religion», in R. Albertz – R. Schmitt, *Family and Household Religion in Ancient Israel and the Levant*, Eisenbrauns, Winona Lake (IN) 2012, 387-428; 401.

tire da un certo periodo) al culto centralizzato templare, ma alla casa, nella quale proseguiva in altro modo quanto si era celebrato in sinagoga.

Si è già detto che Gesù non ha abolito il sabato e non lo ha mai trasgredito, e le controversie sullo *Shabbat* non riguardavano l'osservanza del giorno in sé, quanto piuttosto le modalità in cui, in termini pratici, questa doveva essere compiuta. Gesù allora non solo ha santificato il sabato astenendosi dal lavoro, o, meglio, da qualsiasi "opera", ma anche permettendo la restaurazione dell'opera più grande che egli abbia compiuto: l'uomo. Le guarigioni compiute da Gesù in giorno di sabato sono forse l'apice dell'umanesimo cristiano, e non è un caso se Gesù può santificare quel giorno proprio riconducendo l'uomo al progetto che Dio aveva per lui.

2. Il Santo di Dio libera l'uomo

Per santificare lo *Shabbat*, Gesù prega nella sinagoga di Cafarnao, insieme al suo popolo. Questa sinagoga, secondo quanto Luca riferisce, era stata costruita dal locale centurione pagano, che amava il popolo d'Israele (cfr. Lc 7,5). Di essa si possono ancora vedere importanti resti, un muro di basalto, che si trova sotto una meglio conservata sinagoga del V secolo (che, anche se per alcuni[73] è un edificio cristiano, per la maggioranza degli esperti è un edificio giudaico, una vera sinagoga).

L'evangelista Marco non si sofferma sulla liturgia sinagogale antica e non descrive quanto deve aver avuto luogo prima dell'insegnamento di Gesù, di cui invece registra gli effetti: nei vangeli non è raccontato tutto quanto ha fatto o detto Gesù[74]. Anche se non sappiamo come si sia svolta la liturgia sinagogale alla quale Gesù partecipa (ma possiamo averne un'idea da Lc 4,16-21, che racconta di un analogo rito a Nazaret, e di cui diremo nel capitolo VII), siamo sicuri che prima di insegnare, Gesù, in ogni caso, deve aver ascoltato. Possiamo immaginare che abbia attentamente udito insieme agli altri la proclamazione di un lungo passo dai primi cinque libri della Bibbia, la *Torà*, secondo la divisione in parti che probabilmente già vigeva al tempo, e poi – dopo questa – la proclamazione del relativo brano dei Profeti che lo commentavano (*Haftarà*). Oltre ad ascoltare queste letture Gesù avrà anche recitato, insieme agli altri, antiche preghiere bibliche (lo *Shemà*, ad esempio), cantato salmi, benedetto Dio e ricevuto benedizioni. Deve avere, come si legge nel citato testo di Luca che riguarda la liturgia di Gesù a Nazaret, tenuto anche un'omelia.

[73] P. Di Luccio, «Chiese di Gerusalemme e altri luoghi santi», *La Civiltà Cattolica* 3933 (2014) 249-262; 256-257.

[74] *Dei Verbum*, 19: «Gli autori sacri scrissero i quattro Vangeli, scegliendo alcune cose tra le molte che erano tramandate a voce o già per iscritto, redigendo un riassunto di altre [...]».

La prima forma di educazione, che Gesù esercita verso i discepoli che lo accompagnano e i suoi correligionari presenti nella sinagoga, è quella dell'esempio, dato attraverso l'ascolto della Parola e la preghiera. Solo successivamente, proseguendo la lettura del vangelo di Marco, si vedrà che Gesù educa attraverso le relazioni, con parole e gesti di misericordia e di guarigione.

Un insegnamento con autorità (Mc 1,22)

Nel vangelo secondo Marco il primo "miracolo" che Gesù compie non è una guarigione o un esorcismo, ma l'*insegnamento*. L'evangelista presenta infatti Gesù come un *maestro*, in proporzione, più degli altri vangeli: per cinque volte usa a suo riguardo la parola *didachē* ("insegnamento"), e per dieci volte lo chiama *didaskalos*, titolo – da Marco – riferito solo a Gesù. Mentre subito dopo Marco noterà che l'insegnamento di Gesù è "nuovo" (1,27), qui, al v. 22, scrive che i presenti nella sinagoga si stupivano per l'autorità con cui Gesù insegnava, rispetto agli scribi. Questi non hanno la sua stessa "autorità": anche se non vengono disprezzati o sminuiti dall'evangelista, Marco sottolinea due volte (vv. 22 e 27) che egli insegna in modo molto diverso rispetto a loro. La differenza tra lui e gli altri rabbi può essere trovata a più livelli.

Uno è quello dell'autorevolezza con cui Gesù dice le cose. Leggendo i testi della tradizione rabbinica, che sono stati raccolti a partire dalla caduta del secondo Tempio e poi definitamente fissati due secoli dopo, si rimane colpiti dall'attaccamento alle "tradizioni degli antichi" (di cui parla anche Marco in 7,1-13), tramandate con una lunga catena di detti e di sentenze, ma soprattutto dal modo in cui queste sono elencate una dopo l'altra, come una raccolta di opinioni diverse. La parola di Gesù invece ha un peso più grande: egli si rifà direttamente alla Legge e a Dio, e la sua non sembra essere un'opinione tra le tante[75].

Ma c'è di più, e siamo al secondo livello dell'autorità di Gesù. Le sue non sono semplicemente parole, ma compiono ciò che dicono, ovvero hanno importanti effetti pragmatici. Poiché egli è il "santo di Dio", la sua autorità esprime il potere di Dio stesso: per questo insegna, esorcizza e guarisce, ma sempre attraverso una parola che libera e salva. Infatti a Cafarnao accade qualcosa di speciale: un uomo posseduto da un demonio lo riconosce e viene liberato. L'annuncio del regno si scontra con i primi ostacoli, e questi sono rappresentati da forze potenti, che sono addirittura segno del *male*. Gesù però ha potere anche su questi spiriti.

[75] Cfr. su questo anche F. Manns, «Gesù insegna con autorità (Mc 1,27)», in M. Adinolfi – P. Kaswalder (edd.), *Entrarono a Cafarnao*, 147-162.

Ha ragione dunque chi ha notato che l'autorevolezza di Gesù sta nella *verità* della parola di Dio: «ci sono delle parole che sono autorevoli perché hanno dentro la loro verità, e quando le si ascolta, si constata: "E già, è così". Quella parola rivela cioè qualcosa che si ha dentro, che non si sarebbe scoperto, ma che, una volta svelato, diviene un'evidenza»[76]. La parola di Gesù ha la potenza di cacciare i demòni, perché ha dentro di sé la verità.

Gesù e gli spiriti impuri (Mc 1,23-27)

Mentre insegna, Gesù smaschera i demòni. Il primo grande segno compiuto da Gesù, nel vangelo di Marco, infatti, è un esorcismo. Ciò distingue il secondo vangelo da quello di Matteo o di Giovanni, nei quali invece sono messi in rilievo altri aspetti dell'attività iniziale del Signore: la guarigione di molte malattie e infermità (Mt 4,23), e il cambiamento di un ordine, ovvero l'ingresso nella logica del "vino buono" (il *segno* di Cana; cfr. Gv 2,11). Luca, invece, si rifà più precisamente a Marco, e racconta anch'egli l'esorcismo all'inizio del ministero di Gesù (cfr. Lc 4,33-36).

Nella sinagoga di Cafarnao, è l'uomo posseduto da un

[76] B. Maggioni, *Meditazioni sul vangelo di Marco*, Edizioni Messaggero, Padova 2014, 26.

demonio che prende l'iniziativa. Non potendo tollerare una presenza così diversa ("santa") vicino a lui, chiede a Gesù ragione della sua venuta, con parole difensive che sembrano ricalcare quelle della vedova di Sarepta di Sidone al profeta Elia: «Che cosa c'è tra me e te, o uomo di Dio?» (1Re 17,18)[77]. Ma allora, bisogna ammettere – come si è già accennato sopra – che tutto prende avvio dall'*insegnamento* di Gesù fatto con *autorità*. Invece di spiegare la Torà soffermandosi su aspetti secondari, Gesù riesce a far gustare – direbbe l'evangelista Giovanni – il "vino nuovo" di una spiegazione che ridà efficacia alla Parola (cfr. Gv 2,1-12). Ecco perché Marco sottolinea «il rapporto dell'insegnamento di Gesù, come anche l'esorcismo che segue, con l'interpretazione delle scritture. Infatti i testimoni della sinagoga di Cafarnao interpretano l'esorcismo come legato all'insegnamento di Gesù e come fatto conseguente ad esso (1,23-28). Chi è in grado di cacciare lo "spirito impuro" è anche capace di insegnare. O meglio, è il suo insegnamento che scaccia lo spirito impuro»[78].

L'espressione «uomo posseduto da spirito impuro» rimanda ad una questione alquanto complessa ed importante per il giudaismo, quella riguardante la purità e l'impurità. Questi spiriti venivano fatti risalire a quei giganti generati

[77] Diversi hanno notato punti di contatto tra Gesù e la figura di Elia; per quanto riguarda il presente brano, cfr. S. Guijarro, «Indicios de una tradición popular sobre Jesús en evangelio de Marcos», *Salmanticensis* 54 (2007) 241-265; 260.

[78] G. Ibba, *Il Vangelo di Marco e l'impuro*, Morcelliana, Brescia 2014, 59.

dall'unione delle figlie degli uomini con i figli di Dio (Gen 6,1-4), figure poi amplificate da racconti e testi (documentabili in libri giudaici apocrifi e nei frammenti di Qumran) secondo i quali tali spiriti sarebbero circolati liberamente sulla terra per tentare l'umanità, fino al tempo del giudizio. Questi spiriti agivano con brutalità, proprio come quello che teneva prigioniero l'uomo che viveva tra le tombe, luogo di massima impurità (cfr. Mc 5,1-17).

Gesù nella sinagoga di Cafarnao non si lascia spaventare. La sua autorità è tale da poter vincere il male e la sua santità non teme il confronto con l'impurità. Gesù, anzitutto, risponde allo spirito impuro facendolo tacere, come si vedrà più sotto. Poi, libera l'uomo, facendo uscire il male che era in lui: è la rovina dei demòni e il redentore dell'umanità.

> Cacciare uno spirito impuro non era evidentemente cosa facile, ed era forse convinzione che solo Dio potesse far tanto, o per lo meno chi davvero poteva parlare in nome Suo. La venuta di Gesù viene interpretata dallo spirito impuro come la sua rovina, probabilmente perché coincidente con la fine, o con il suo approssimarsi, del tempo che Dio gli ha concesso per svolgere la sua funzione di tentatore ed, evidentemente, di causare possessioni[79].

[79] Ivi, 60.

L'esorcismo compiuto da Gesù – e quelli che i discepoli potranno fare per l'autorità che egli conferirà loro – è simbolo della lotta contro il *male*, *ogni* male, che di volta in volta si mostra nelle sue molteplici forme e declinazioni, e che deve essere combattuto dagli uomini di ogni generazione, perché sia vinto infine da Dio.

Il nuovo Adamo fa tacere i demòni (Mc 1,25)

L'esorcismo di uno spirito solleva tanti problemi storici e teologici. Si dovrà ricordare anzitutto che il termine greco tradotto con *demonio* nel mondo greco non aveva in sé un significato sempre negativo: era applicato alla divinità e alla sua potenza o volontà, e poteva rappresentare anche il fato, o un genio tutelare. Qui, però, si tratta di uno spirito "impuro". Quando tale spirito che possedeva quell'uomo sente la presenza di Dio in Gesù, ha paura. Dove c'è Dio con il suo regno, lì non c'è spazio per il male e le sue potenze: se ne devono andare, perché il loro tempo è finito. Gesù non lascia nemmeno parlare lo spirito immondo: «Taci!», gli ordina, con un solenne esorcismo.

L'ingiunzione di Gesù a tacere, nel vangelo di Marco, ha a che fare con quello che viene comunemente definito "segreto messianico", ma che andrebbe meglio chiamato, probabilmente, “silenzio messianico”. Questa espressione sottintende che Gesù non vuole che ad affermare la sua identità siano coloro che – come i demòni, pur conoscendolo – non sono disposti a seguirlo. Non vuole, poi, che la sequela sia motivata solo dai segni o dai miracoli che egli compie, se questi sono staccati dalla croce che Gesù annuncerà più avanti.

Si possono però aggiungere altre ragioni al perché Gesù non vuole che Satana – «menzognero e padre della menzogna» (Gv 8,44) – prenda la parola per mezzo di quell'indemoniato. Una è di tipo storico. «Si credeva che gli esorcisti – e al tempo di Gesù ve ne erano diversi in circolazione – acquistassero potere appropriandosi del nome del demonio (cfr. Mc 5,7-9). Qui il demonio tenta, senza riuscirci, di fare il contrario»[80], cercando di prendere il controllo su Gesù: questi lo fa tacere prima, e quando lo sente pronunciare il suo nome («Gesù Nazareno»), non gli permette di parlare oltre.

Un'altra spiegazione è teologica. Già era accaduto una volta che il serpente avesse parlato, ed ebbe inizio la triste storia del peccato dell'uomo: per tentare al male Adamo aveva infatti inculcato il veleno del dubbio in Eva: «È vero che…?» (Gen 3,1). Se allora fosse stato fatto tacere, Adamo avrebbe vinto la tentazione. È possibile che nel secondo vangelo Gesù

[80] R.T. France, *The Gospel of Mark. A Commentary on the Greek Text*, Eerdmans, Grand Rapids (MI) 2002, 104.

venga ritratto come il "nuovo Adamo", colui cioè che è capace di recuperare la sorte del primo, caduto. Gesù è modello dell'uomo non solo quando fa tacere lo spirito impuro, ma già nel racconto della sua tentazione nel deserto (Mc 1,12-13): lì era stato "cacciato" così come Adamo era stato "cacciato" dal paradiso (Gen 3,24; lo stesso verbo greco *ekballō*), condividendone così la sventura, ma uscendo poi vittorioso dalla prova. Gesù, ancor prima, era apparso sulla scena non come un bambino (come invece nei vangeli dell'infanzia di Matteo e di Luca), ma già adulto, uomo fatto, come anche Adamo era stato creato adulto. E così si spiega anche perché la giornata di Cafarnao è un *sabato*, quel giorno in cui Dio si è riposato dopo aver creato l'uomo. In quello stesso giorno Gesù può riportare alla sua originale bellezza il mondo e l'umanità, mediante la stessa Parola creatrice con cui Dio aveva fatto l'universo, e che permette ora al suo "Santo" di esercitare la stessa signoria. Gesù è "signore del sabato" (Mc 2,28) e può liberare l'uomo da ogni schiavitù, come quella causata dagli spiriti impuri: «Al centro del ministero di Gesù c'è la *liberazione dell'uomo*. Dio, attraverso di Lui, guarisce e libera. La contrapposizione è tra Gesù "santo di Dio" su cui è disceso lo "Spirito di santità" (cfr. il battesimo) e lo spirito impuro, non-santo, che tiene prigioniero l'uomo»[81].

[81] P. Coda, *Gesù il Figlio nel vangelo di Marco*, Città Nuova, Roma 2013, 51.

Si noti però, sin d'ora, un dettaglio non indifferente. L'azione di liberazione che Gesù compie non avviene in modo "magico", o distaccato, senza conseguenze per lui: come si vedrà più avanti, Gesù prende su di sé le debolezze dell'umanità. Aver cura dell'altro, con una "mistica dagli occhi aperti" di cui diremo tra poco, ha un prezzo.

L'insegnamento "nuovo" di Gesù (Mc 1,27)

Dopo essersi stupita dell'autorità con cui Gesù insegnava e cacciava gli spiriti impuri (Mc 1,22), la gente di Cafarnao parla di una *novità* nell'insegnamento di Gesù. Anche Luca – nel brano dell'insegnamento di Gesù nella sinagoga di Nazaret – annota che al termine di una brevissima omelia, «tutti gli davano testimonianza ed erano meravigliati delle parole di grazia che uscivano dalla sua bocca» (Lc 4,22). Lì, però, Gesù proclamava il Giubileo, l'anno della liberazione. Quali parole, invece, potevano aver suscitato una tale reazione nella sinagoga di Cafarnao? E dove doveva risiedere la novità di esse? Come si è già detto, la novità doveva stare nell'*autorità* con cui Gesù insegnava, rispetto agli scribi. Si può però aggiungere anche qualcos'altro.

È probabile che Marco, descrivendo la reazione della gente che udiva Gesù, avesse in mente una profezia di Isaia

(«Attingerete acqua con gioia alle sorgenti della salvezza»; Is 12,3), che nella liturgia sinagogale veniva letta e tradotta in lingua aramaica in modo diverso, con un senso spiccatamente messianico: «Accoglierete l'insegnamento con gioia dagli eletti della giustizia»[82]. In questo modo l'evangelista direbbe che Gesù è la Sapienza di Dio che offre, con la sua spiegazione della Torà, acqua viva a coloro che sono assetati di riceverla.

La fama si diffonde per tutta la Galilea (Mc 1,28)

Quanto faceva e diceva Gesù non lasciava indifferenti solo gli abitanti della cittadina di Cafarnao. La fama del rabbi di Galilea doveva essersi propagata velocemente in tutta la regione, e presto arrivò anche a Gerusalemme. In Mc 3,22, infatti, si legge che a Cafarnao giunsero per parlare con Gesù alcuni scribi venuti dal centro religioso di Israele.

Col raccontare il diffondersi delle voci su Gesù, Marco apre altri spazi. È stato notato che il testo della giornata di Cafarnao alterna «fatti singoli, che avvengono in luoghi singoli, ad ampi panorami». L'episodio della liberazione di un uomo in sinagoga «alla fine si allarga e consente di

[82] G. Lenzi, *Il Targum Yonathan.* 1. *Isaia. Traduzione e confronto con il testo masoretico*, Marietti, Genova – Milano 2004, 52; cfr. la traduzione di B. Chilton, che ha «insegnamento nuovo».

guardare, come da una finestra, un ampio panorama: *La sua fama si diffuse subito dovunque, in tutta la regione della Galilea*»[83]. Possiamo aggiungere che l'evangelista in questo modo fa quasi prendere un poco di respiro al lettore. Dopo essersi imbattuto nel potere del male, che non è capace di sconfiggere da solo, se non c'è il Santo di Dio con lui, il lettore esce con Gesù dalla sinagoga, allarga lo sguardo e può riprendere il fiato e il cammino.

3. Una lettura per l'oggi

La teologia dello *Shabbat* interpella non solo l'Ebraismo, ma anche il cristianesimo. Perché i cristiani riscoprano il significato del sabato, è necessario non solo che sia santificata la domenica, ma che essa – giorno della comunità dei credenti raccolti nella memoria della risurrezione di Gesù – venga distinta da, e non più confusa con, il Settimo giorno, che rimane tale per Israele e come segno di liberazione per tutta l'umanità. E viceversa: «È necessario rileggere la grande pagina della creazione e approfondire la teologia del "sabato", per introdursi alla piena comprensione della domenica» (Giovanni Paolo II, *Dies Domini,* 8).

[83] B. Maggioni, *Meditazioni sul vangelo di Marco*, 20-21.

IV

Dalla sinagoga alla casa

La casa di Shim'òn [Simone] distava dal porto soltanto pochi metri. Poco lontano si trovava altresì un ospedale per malati che avevano perso le proprie sostanze. Nessuno, però, faceva affidamento sui medici. Yehoshuà' [Gesù] e i discepoli accompagnarono Shim'òn. Dopo aver attraversato il cortile interno della casa, il maestro entrò nella stanza dove era ricoverata la malata; si chinò su di lei e si rivolse con tono minaccioso alla febbre, che abbandonò all'istante la donna. La suocera di Shim'òn si alzò immediatamente, baciò la mano di Yehoshuà' avvicinandola alla propria fronte e si mise a servire gli ospiti senza fare commenti[84].

In questo modo un esegeta francescano, Frédéric Manns, nel suo *Ecce Homo* (che egli, sin dalla presentazione, chiarisce non essere un romanzo storico, ma un commento ai

[84] F. Manns, *Ecce Homo. Una lettura ebraica dei Vangeli*, Lindau, Torino 2011, 55; orig. francese, *Voici l'Homme. Une lecture juive des Evangiles*, Editions du Paraclet, Brive-la-Gaillarde 2008.

vangeli per «colmare i silenzi della Scrittura»[85]), ha voluto descrivere il passaggio di Gesù dalla sinagoga ad una casa.

Con la frase «usciti dalla sinagoga» (Mc 1,29) i luoghi che sono presi in considerazione dall'evangelista dicono che lo spazio attorno a Gesù tende ad allargarsi sempre di più. Il movimento del racconto passa dalla sinagoga della cittadina sul lago alla casa di Simone e Andrea, poi ancora dalla casa a tutta la città, dalla città ai villaggi vicini (1,38); infine, dai villaggi fino a «tutta la Galilea» (1,39). Tutto lo spazio deve essere attraversato da Gesù e dal suo annuncio.

Anche i personaggi cambiano: ora sono i discepoli, la suocera di Simone e i malati. Sono questi ultimi, soprattutto, da qui in avanti, ad impadronirsi della scena e a giungere alla presenza di Gesù: sono, come la suocera di Simone, già presenti dove Gesù si reca, oppure vengono portati a lui; ancora, lo cercano spontaneamente sin dall'alba, lì dove egli sta pregando. La malattia riempie la pagina di Cafarnao: che si tratti di una febbre o di una sofferenza più profonda, spirituale o fisica (come quella causata dagli spiriti del v. 39), il vocabolario del campo semantico dell'infermità costella il racconto ed è presente in modo consistente, includendo tutta la narrazione.

L'uscire di Gesù dalla sinagoga non significa che non vi

[85] Ivi, 6.

ritornerà più. Lo stesso vangelo di Marco documenta che egli «entrò di nuovo nella sinagoga» (3,1), e anche i suoi discepoli faranno altrettanto, come anche Paolo, che nei suoi viaggi apostolici cercherà di contattare gli ebrei della diaspora proprio dove sapeva di poterli incontrare (cfr., ad esempio, At 13,5). Il fatto che Gesù esca da quello spazio "sacro" implica piuttosto che tutto il resto dello spazio è degno di essere toccato dalla sua grazia e dalla sua presenza. Con la frase «andiamocene altrove» – che Marco registra poco più avanti (1,38) – Gesù dice che è venuto non per fermarsi in un solo luogo, ma per "uscire". Come il Verbo Eterno è uscito dal Padre («da Dio sono uscito e vengo; non sono venuto da me stesso, ma lui mi ha mandato»; Gv 8, 42), così il Figlio dell'Uomo deve uscire dagli spazi chiusi, e la sua Chiesa deve essere continuamente «in uscita».

1. La casa (Mc 1,29-31)

L'idea che Gesù esca dalla sinagoga per entrare in una casa è molto importante. Nella città di Cafarnao Gesù deve aver avuto una casa dove abitare, e infatti la comunità giudeo cristiana della cittadina della Galilea ha conservato la memoria di un luogo – la casa di Simone – nel quale Gesù sarebbe vissuto e avrebbe compiuto miracoli. Così una testimonianza medievale, ma che molto probabilmente si rifà ad Egeria, pellegrina in Terra Santa negli anni 383-384: «In Cafarnao la casa del principe degli apostoli fu trasformata in una chiesa, le cui pareti originali sono ad oggi come erano una volta. Lì il Signore curò il paralitico»[86]. La dimensione domestica della vita in Galilea nel I secolo è stata analizzata da diversi punti di vista, e l'archeologia a partire dai resti delle case ha potuto addirittura definire i tipi di famiglia che le abitavano[87].

In una casa a Cafarnao il Signore ha vissuto anche la ferialità della vita di tutti, a contatto con una famiglia, che se non era la sua, non doveva distinguersi troppo da quella. Nella loro casa e con quella famiglia ha mangiato, si è riposato, ha accolto amici e discepoli. Il lessico domestico (con i vocaboli *oikos* oppure *oikia*) nel Nuovo Testamento è estremamente significativo, soprattutto per i sinottici (le parole ricorrono cinquantasette volte in Lc, trentasei in Mt e trentuno volte in Mc) – diversamente dal quarto vangelo, più legato al ministero di Gesù a Gerusalemme che a quello galilaico: «la casa, proprio perché tipica del periodo galilaico, dice il profondo inserimento di Gesù in quel mondo, il livello sociale del suo inserimento e la sua continuità»[88].

[86] Cfr. V. Corbo, *Cafarnao*. 1. *Gli edifici della città*, Franciscan Printing Press, Jerusalem 1975, 72.

[87] Cfr. S. Guijarro, «Domestic Space, Family Relationships and the Social Location of the Q People», *Journal for the Study of the New Testament* 27 (2004) 69-81.

[88] C. Bazzi, «Oltre i testi – sotto le pietre: archeologia e ambiente di Gesù», 261.

Non stupisce allora che – come faceva già Gesù – i primi cristiani si ritrovassero in case private e tali edifici designassero il luogo di riunione di una comunità cristiana, dove si tenevano il pasto in comune, la preghiera, l'annuncio e l'insegnamento (cfr., ad esempio, At 2,46: «spezzando il pane nelle case»). Diversi tra coloro che hanno studiato l'importanza simbolica degli spazi domestici, hanno ipotizzato che la casa, in Marco, funzioni in modo distintivo rispetto alla sinagoga, allo scopo di indicare un rovesciamento di un ordine[89]. Altri, invece, pensano che sia eccessivo «vedere un contrasto tra la casa, simbolo delle chiese domestiche dei primi cristiani e la sinagoga, simbolo di un giudaismo che non risponde. In Mc 1,21-28 la sinagoga non è caricata di alcun tono negativo, e anzi Gesù vi riceve un'accoglienza positiva»[90]. In ogni caso, si può immaginare che nel secondo vangelo una casa non sia più semplicemente una dimora per la famiglia, ma cominci a trasformarsi in luogo d'incontro per una nuova comunità.

[89] La tesi elaborata nel 1986 da E.S. Malbon, vuole dimostrare «come la casa, in Marco, funzioni simbolicamente in opposizione alla sinagoga e al Tempio: e questo allo scopo di indicare, attraverso la narrazione, la trasformazione e il rovesciamento di un ordine vecchio in un ordine nuovo, rappresentato da Gesù» (M. Rescio, *La famiglia alternativa di Gesù*, 134; cfr. anche G. Perego, *Marco*, 60).

[90] R.H. Stein, *Mark*, Baker Academic, Grand Rapids (MI) 2008, 93-94. La stessa M. Rescio, *La famiglia alternativa di Gesù*, 140-141, afferma che l'analisi della Malbon è problematica in alcuni punti, e che nel vangelo di Marco un'opposizione *sacro-profano* non può essere vista solo nella relazione *sinagoga-casa*, ma anche nella ricerca di Gesù di spazi lontani dai villaggi o dai centri istituzionali di potere.

Questo cambiamento ha potuto prendere forma perché Gesù – non dipendendo dalla mentalità dominante – ha dato alla casa un nuovo senso: *attraversandola* in tutte le sue parti, ma senza mai rimanervi condizionato o vincolato; *trasformandola* attraverso la critica delle relazioni a cui assisteva, mediante le parabole, e della gerarchia dei conviti, superando le barriere sociali; *espandendola* esportando la premura nei rapporti familiari come modello dei rapporti comunitari (ad esempio, Mc 3,30-34)[91].

Da queste affermazioni nasce però una complicazione che ha interessato alcuni esegeti e che dobbiamo brevemente vedere.

La casa di Simone, la casa di Gesù

Stiamo parlando di quello che è quasi un rebus. E se invece Gesù – diversamente da quanto abbiamo detto appena sopra – avesse avuto una *propria* casa?

Mentre in Mc 1,29 è chiaro che la casa di cui si sta parlando è quella di Simone e Andrea, non è così evidente il riferimento ad una casa in Mc 2,1 («Si seppe che era in casa») e 2,15 («[Gesù] si sedette a mensa in casa sua»): è la stessa

[91] Cfr. C. Bazzi, «Oltre i testi – sotto le pietre: archeologia e ambiente di Gesù», 261-262.

casa di Simone e Andrea, oppure un'altra? E quella di Mc 2,15 è la casa di Levi Matteo? O di Gesù? Gesù, in effetti, secondo Mc 1,29 sarebbe potuto entrare in casa di Simone solo di passaggio e non per abitarvi. La questione è ancora più importante nel vangelo di Matteo, che però riprende e storicizza il tema della casa che ha trovato in Marco[92]: nel corrispondente racconto della vocazione dell'esattore delle tasse, il primo vangelo dice che Gesù «era a tavola, *nella* casa» (Mt 9,10), senza chiarire oltre. Le possibilità, qui, si riducono a tre: si tratta della casa di Gesù, che sarebbe dunque la stessa a cui allude Mc 2,15, della casa di Matteo, o della casa di Simone e Andrea. «Anche se i commentatori hanno tradizionalmente pensato – per Mt 9,10 – alla casa di Levi Matteo, la prima opzione e la terza sembrano le più probabili»[93]. A guardar bene, infatti, Gesù in Mt 9,9 aveva appena invitato l'esattore delle tasse a seguirlo: è Gesù, quindi, che apre la strada verso "casa", e non il discepolo appena chiamato; e poi, dato che il racconto prosegue con la polemica dei farisei su Gesù che accoglie in casa gli esattori delle tasse e i peccatori, non riusciamo proprio ad immaginarci i farisei che entrano nella casa di un pubbli-

[92] Cfr. G. Strecker, *Theology of the New Testament*, de Gruyter, Berlin – Westminster John Knox Press, Louisville (KY) 2000, 366; orig. tedesco, *Theologie des Neues Testaments*, de Gruyter, Berlin 1996.

[93] W.D. Davies – D.C. Allison, *Matthew*, II, T&T Clark, Edinburgh 2001, 100; G. Michelini, *Matteo. Introduzione, traduzione e commento*, San Paolo, Cinisello Balsamo (MI) 2013, 162-163.

cano non osservante. La questione è discussa, e le opinioni sono diverse[94]. Insomma, l'informazione "accidentale"[95] sull'esistenza di una casa di Gesù a Cafarnao potrebbe rappresentare una prima fase del ministero pubblico di Gesù, che poi si svilupperà in quell'itineranza su cui abbiamo già detto molto, rappresentata magari dal detto «Le volpi hanno le loro tane e gli uccelli del cielo i nidi, ma il Figlio dell'uomo non ha dove reclinare il capo» (Mt 8,20; Lc 9,58). Ma andiamo al punto teologico di tutta la questione.

L'esistenza di una ipotetica casa di Gesù conduce ad un'altra domanda: «Gesù era un carpentiere povero?»[96]. Se da una parte Gesù «certamente apparteneva ai poveri che dovevano lavorare duramente per vivere», concordiamo sul fatto che «la nostra immaginazione, la nostra retorica e il desiderio di un'immediata rilevanza sociale possono averci portato fuori strada nel rappresentare la lacerante povertà presumibilmente sopportata da Gesù»[97]. Per essere più precisi, in una approssimativa scala che poteva andare dai veri ricchi (Erode Antipa e i suoi ufficiali di corte; cfr.

[94] Per una interessante discussione del problema, dal punto di vista della famiglia di Gesù, si veda J. Painter, *Just James. The Brother of Jesus in History and Tradition*, University of South Carolina Press, Columbia (SC) 2004, 25-26.

[95] Che quella della «sua casa» sia una informazione su qualcosa di conosciuto, e che non viene narrato, ovvero di una informazione "accidentale", era già chiaro a J.J. Blunt, *Undesigned Coincidences in the Writings both of the Old and the New Testaments*, Robert Carter and Brothers, New York 1851, 265-266.

[96] È il titolo di un paragrafo del volume sul Gesù storico di J.P. Meier, *Un ebreo marginale*, 286.

[97] Ivi, 291.

Mc 6,21), i grandi proprietari terrieri, passava dai mercanti e dagli esattori delle tasse, per arrivare ai commercianti e agli artigiani delle città e dei villaggi, fino agli strati più bassi, composti da lavoranti a giornata, braccianti e soprattutto da schiavi e accattoni, ebbene, su questa scala Gesù «sarebbe da collocare in qualche punto verso l'estremità inferiore del vago gruppo medio», nella «nostra classe media inferiore»[98].

In quale senso dunque si potrà parlare di una *povertà* di Gesù? Ricordiamo appena che se nella Bibbia la ricchezza rappresenta una benedizione di Dio, purché ad essa non si attacchi il cuore, dagli scritti rabbinici del III secolo d.C. (che però riportano tradizioni precedenti, anche del tempo di Gesù) emerge come i maestri d'Israele considerassero "ricchi" tutti coloro che *non erano poveri*, ovvero vedessero la ricchezza in un senso più ampio rispetto alle nostre classificazioni. Un commento rabbinico al Sal 12,8, tratto da *Pirqe Avot - Etica dei Padri*, 4,1, spiega tale idea: «Chi è ricco? Colui che gioisce di ciò che ha, come sta scritto, "Gioirai del frutto del tuo lavoro, sarai felice e prospererai"»[99]. Affermare che Gesù, anche se avesse avuto una casa dove abitare, era povero, può farci definire la sua povertà

[98] Ivi, 292-293.
[99] Cfr. G.E. Gardner, «Who is Rich? The Poor in Early Rabbinic Judaism», *The Jewish Quarterly Review* 104 (2014) 515-536; 536.

in un senso esistenziale: non tanto in rapporto al possesso di beni, quanto piuttosto alla sua persona (che «da ricco che era, si è fatto povero per voi»; 2Cor 8,9) e al suo essere sempre disponibile, con il proprio tempo, la propria vita e la propria morte, per gli altri. Se Gesù è vissuto in una casa, in ogni caso l'annuncio del regno non dipendeva da nessuna "base". «Il regno che Gesù annunciava non aveva un luogo-base dominante, al quale tutti dovevano venire, ma solo un punto di partenza, dal quale si usciva per andare verso tutti»[100].

Un codice "urbano" del tempo di Gesù

Probabilmente, però, rispetto alla questione appena vista sopra, è molto più importante quella che riguarda il *tempo* trascorso da Gesù in una casa. Se si è studiato il "codice dell'itinerante", arrivando ad affermare che «la presenza [di Gesù] e la sua attività non sono previste nel consueto andamento giornaliero del nucleo domestico»[101], non è proprio la giornata di Cafarnao a rappresentare un'eccezione a questo ritratto? Facendo tesoro di quanto sappiamo circa il tempo

[100] J.D. Crossan – J.L. Reed, *Excavating Jesus. Beneath the Stones, Behind the Texts*, Harper San Francisco, New York 2001, 96.
[101] A. Destro – M. Pesce, *L'uomo Gesù*, 54.

dell'itineranza, ipotizziamo che Gesù debba aver trascorso in modo qualificato, e non solo occasionale, il tempo nella cittadina sul lago. In effetti è proprio il vangelo di Matteo – quello che si riferisce a Cafarnao come alla «città di Gesù» (9,1) – che sembra voler attenuare l'idea che Gesù si sposti continuamente per i villaggi vicini, impressione che invece deriva dalla lettura di Marco o di Luca.

Se però Gesù è vissuto in quella città, ne è stato condizionato in vari modi. Non solo dai ritmi del lavoro e del riposo che caratterizzano una centro abitato (Gesù, ad esempio, non poteva predicare o raccontare parabole quando la gente lavorava, perché avrebbe riscosso minore attenzione), ma anche dalle relazioni che vi hanno luogo. Tali rapporti, rispetto a quelli che Gesù avrà intrattenuto con coloro che incontrava lungo il cammino, si distinguono da una maggiore continuità e prossimità. Una cosa è vedere una persona per pochi momenti, magari pensando anche di poterla "ignorare" (come sembrano voler fare i discepoli con la donna cananea di Mt 15,23[102]), un'altra è vivere accanto a persone

[102] Mentre alcune traduzioni di Mt 15,23 vedono i discepoli dire a Gesù «Esaudiscila», noi intendiamo alla lettera il verbo greco, con san Girolamo, che traduceva «dimitte eam» (lo stesso senso anche nella versione siriaca della *Peshitta*). In ogni caso, il diniego di Gesù alla cananea («non sono stato inviato...») continua ad essere oscuro se i discepoli gli stanno chiedendo di mandarla via. Il *Vangelo ebraico di Matteo* ha una sintassi diversa: i discepoli domandano a Gesù «perché mandi via questa donna che ci grida dietro?». La risposta di Gesù, «Non sono stato inviato...», così rientra meglio nella logica del racconto. Anche se questa ipotesi è interessante, non ci si può distaccare dal testo trasmesso in greco; cfr. G. Michelini, *Matteo*, 260.

per giorni, settimane o mesi. Le relazioni che Gesù ha avuto con i discepoli, che lo seguono dovunque egli vada, sono in parte paragonabili a quelle che deve aver tenuto con altri concittadini di Cafarnao.

Naturalmente, il tempo "urbano" di Gesù non sembra essere dedicato, almeno secondo quanto si legge nelle pagine che descrivono il suo soggiorno a Cafarnao, ad altra attività che non sia l'annuncio del Vangelo. L'asserzione per cui Gesù era un "carpentiere" – di cui si legge in Mc 6,3, e che può significare anche altro rispetto all'affermazione della paternità adottiva di Giuseppe[103] – non trova alcun riscontro a Cafarnao (e mai nemmeno nel vangelo di Matteo, che usa "figlio del carpentiere", anziché "carpentiere"; Mt 13,55). Si è detto poi che la giornata descritta da Marco è un sabato, e quindi in questo giorno Gesù non avrebbe certo lavorato, ma la conferma del fatto che Gesù era tutto preso da altre occupazioni viene proprio da quanto accade il giorno seguente: Gesù può andare "altrove" (Mc 1,38), dedicandosi così a tempo pieno all'annuncio del regno. Possiamo fare un confronto con la vita di un altro evangelizzatore, Paolo.

[103] «Figlio del carpentiere» nell'uso rabbinico significava "persona esperta e istruita" o, meglio, «istruito figlio di un istruito»: se è noto che gli scribi e i rabbi, al tempo di Gesù, dovevano conoscere e praticare un mestiere (come il fariseo Paolo, che fabbrica tende, o come Rabbi Shammai, che era egli stesso un carpentiere), i carpentieri erano considerate persone particolarmente competenti, al punto che è documentato il detto «Non c'è nessun carpentiere tra noi, o un figlio di carpentiere, che possa risolvere questo problema?» (D. Flusser, *The Sage from Galilee. Rediscovering Jesus' Genius*, Eerdmans, Grand Rapids (MI) 2007, 14; orig. tedesco, *Jesus in Selbstzeugnissen und Bilddokumenten*, Rowohlt, Hamburg 1968).

Anch'egli è inizialmente ritratto mentre lavora, tessendo tende, a Corinto, insieme ad Aquila e Priscilla (At 18,1-3). In un primo tempo sembra potersi recare in sinagoga solo di sabato per annunciare il Vangelo (At 18,4), ma appena giunge l'aiuto di Sila e Timoteo, allora l'Apostolo può permettersi di «dedicarsi tutto alla Parola», senza dover più lavorare per vivere (At 18,5).

In conclusione, se è vero che la vita di Gesù è segnata dal movimento e dalla non-stabilità, e questo vale soprattutto pensando al suo "camminare", è condizionata anche dal suo "stare" in una città. Se si può parlare di uno spaesamento che Gesù subisce nello spostarsi costantemente, in quanto egli «in ogni luogo è obbligato a entrare in un nuovo orizzonte e ad assumere una posizione differente all'interno del nuovo sistema di relazioni»[104], proprio il tempo trascorso a Cafarnao rappresenta un caso a sé, che meriterebbe di essere maggiormente approfondito.

2. Una donna nella casa di Cafarnao (Mc 1,30-31)

Mentre nei vangeli di Matteo, Luca e Giovanni, le donne che per prime vi compaiono hanno in comune l'essere

[104] A. Destro – M. Pesce, *L'uomo Gesù*, 44.

madri (Tamar, madre di Fares; Elisabetta, di Giovanni; Maria, la madre di Gesù; cfr. Mt 1,3; Lc 1,13; Gv 2,1), e quindi questi evangelisti «mettono in risalto la maternità», «soltanto Marco ha il particolare di dare il primo luogo, nel proprio vangelo, a una suocera»[105]. Qualcuno ha anche sottolineato che il pregiudizio nei confronti delle "suocere" sarebbe antico, e addirittura spiegherebbe il disinteresse che gli studiosi hanno avuto per il miracolo della guarigione di questa donna[106]. In ogni caso oggi si tende a sottolineare che con questa guarigione Gesù reintegra una esclusa, come si vedrà meglio più sotto.

L'idea di una donna che si trova in casa e si mette a servire degli uomini non deve condurre fuori strada: è stato dimostrato mediante testimonianze archeologiche che le case giudaiche non possono essere considerate aree di ghettizzazione e reclusione delle donne, anche per il fatto che l'economia dell'Impero Romano aveva portato ad una maggiore partecipazione attiva di esse alla vita della società, grazie anche al modello di mercato vigente allora[107].

[105] A. Izquierdo, *La Donna nel vangelo di san Marco*, Libreria Editrice Vaticana, Città del Vaticano 2008, 11.

[106] Cfr. W.T. Wilson, «The Uninvited Healer: Houses, Healing and Prophets in Matthew 8.1-22», *Journal for the Study of the New Testament* 36 (2013) 53-72, che cita, oltre che Flavio Giuseppe, anche testi classici e i vv. Mt 10,35 e Lc 12,53, come prova dei pregiudizi nei confronti delle suocere.

[107] Cfr. E.M. Wainwright, *Women Healing / Healing Women. The Genderization of Healing in Early Christianity*, Equinox, London – Oakville (CT) 2006, 106.

E per quanto riguarda il ruolo delle donne nelle sinagoghe antiche? La pagina di Cafarnao non dice nulla a riguardo, ma la domanda se la suocera di Simone avrebbe potuto prender parte alla liturgia sinagogale, anziché rimanere a casa (se non fosse stata ammalata), ha senso. Se sappiamo qualcosa del cosiddetto "cortile delle donne" presente nel Tempio di Gerusalemme – nel quale si dovevano fermare (non potendo entrare negli spazi più vicini all'edificio templare, riservati ai maschi e ai sacerdoti, tranne eccezioni come quelle previste per la puerpera che si purificava; cfr. Lv 12,6) –, più complicata è la questione delle donne in sinagoga, anche perché le fonti giudaiche non dicono praticamente nulla a riguardo.

La posizione più condivisa, fino agli anni '80, era che le donne non avessero alcuna funzione in rapporto al culto sinagogale, ma questa idea si è andata modificando grazie alle ricerche di una studiosa, che ha ragionato su alcune iscrizioni antiche riguardanti le donne e le sinagoghe[108], nelle quali alcune donne erano nominate "capi della sinagoga" (*archisynagogos*). Questa interpretazione, come altri ora hanno notato, era condizionata da una visione femminista, che esagerava la lettura dei dati: quei titoli attribuiti a donne erano con ogni probabilità essenzialmente onorifici (cioè

[108] B. Brooten, *Women Leaders in the Ancient Synagogues*, Scholars, Atlanta 1982.

non necessariamente si riferivano a effettive funzioni), le iscrizioni con nomi di donne *leader* non compaiono mai in sinagoghe palestinesi e, in ogni caso, le attestazioni sono tardive (IV-V secolo d.C.). Si sapeva già, ovviamente, che le donne frequentavano le sinagoghe, magari dovendosi sedere in posti separati da quelli degli uomini[109]. Una testimonianza importante, a riguardo, viene anche dagli Atti degli Apostoli, quando si legge che Saulo si stava dirigendo nelle sinagoghe di Damasco, dove avrebbe dovuto arrestare «tutti quelli che avesse trovato, uomini e donne» (At 9,2), appartenenti al gruppo dei credenti in Gesù. Nonostante alcuni testi giudaici sembrino registrare un atteggiamento esclusivo nei loro confronti, altri testi rabbinici danno per scontata la presenza delle donne in sinagoga, e anzi affermano che sono proprio le donne coi loro bambini a rispondere con "Amen" alle invocazioni dei sacerdoti. Altri testi ancora poi specificano che alle donne – per una qualche ragione che non è espressa – non era permesso proclamare la Torà in sinagoga (*Tosefta Megilla* 3:11-12), attestandone così indirettamente la loro presenza.

In conclusione, possiamo facilmente presumere che se la suocera di Simone non fosse stata a letto con la febbre,

[109] Cfr. S.L. Mattila, «Where Wome Sat in Ancient Synagogues. The Archaelogical Evidence in Context», in J.S. Kloppenborg – S.G. Wilson (edd.), *Voluntary Associations in the Graeco-Roman World*, Routledge, London – New York 1996, 266-286; 282-283.

si sarebbe potuta trovare in sinagoga con Gesù, anche se essa, in quanto donna, non era obbligata ad andarvi. Forse in antichità le donne potevano partecipare non solo alle attività liturgiche, ma addirittura studiare e ascoltare gli insegnamenti nelle case di studio (cfr. *Targum Onkelos* a Gdc 5,24). La situazione però deve essere cambiata, se nei secoli successivi Beruriah, moglie di Rav Meir, è ricordata come l'unica donna che poteva eguagliare i rabbini in sapienza, e alla quale era permesso sedere con gli uomini nel commentare la Torà. Se questa informazione è storica, a partire dal II secolo d.C. lo studio della Scrittura divenne prerogativa maschile[110].

La guarigione di una "esclusa"

La suocera di Simone è la prima donna guarita da Gesù. La ragione per cui si trovasse (ad abitare?) nella casa di cui si parla, è stata esplorata variamente, e gli argomenti per affermare che fosse vedova, o divorziata, e dunque non avesse altro luogo dove poter vivere, sono troppo deboli[111]. In ogni caso, da questa pagina apprendiamo che Simone era

[110] Nel racconto di Isaac Bashevis Singer (1904-1991), *Yentl*, una donna per studiare la Torà in un villaggio dell'Est europeo del XIX secolo deve fingersi uomo.

[111] Cfr. M.F. Trainor, *The Quest for Home: The Household in Mark's Community*, Liturgical Press, Collegeville (MN) 2001, 93-94.

sposato – come confermato da Paolo nella sua prima lettera ai Corinzi, 9,5 («Non abbiamo il diritto di portare con noi una donna credente, come fanno anche gli altri apostoli e i fratelli del Signore e Cefa?») – che ci dice, tra l'altro, che nei suoi viaggi apostolici Pietro verrà accompagnato dalla moglie[112].

È stato notato che un modo in cui l'evangelista Marco presenta i personaggi femminili, tra i quali il primo è proprio questa donna, è quello di descriverli come bisognosi di guarigione: non solo, infatti, la suocera di Simone è ammalata, ma poi la figlia di Giairo, la donna emorroissa che tocca le frange del mantello di Gesù, la figlia della donna siro-fenicia. Detto ciò, «non sarebbe però corretto supporre che dietro tutto questo si nasconda la volontà di presentare le donne come maggiormente indigenti, oggetti nei confronti dei quali il guaritore maschio può esercitare il suo potere superiore e far sentire la sua autorità»[113]. Anzi, da parte di Gesù non vi è alcuna discriminazione di genere.

[112] Cfr. L. Orlando, *La giornata di Gesù a Cafarnao*, 90, n. 5. Per quanto riguarda la possibilità che l'espressione "donne credenti" significhi collaboratrici degli evangelizzatori, senza legami coniugali con gli Apostoli, si deve ricordare che il contesto religioso, culturale e sociale del tempo di Gesù non favoriva il celibato, e dunque non è strano che Pietro fosse sposato. Se poi «altri (pochi) biblisti tengono ad aggiungere che probabilmente, già in quel momento, Pietro fosse vedovo [...] questo particolare non si trova nei vangeli»; F. Manzi, *Prima lettera ai Corinzi. Introduzione, traduzione e commento*, San Paolo, Cinisello Balsamo (MI) 2013, 128.

[113] S. Freyne, «Tra sinagoga e impero», 52.

Nella sua rielaborazione dell'episodio della guarigione della suocera di Simone (Mt 8,14-15) Matteo, diversamente da Marco, inserirà tale miracolo in una sequenza continuata di gesti di Gesù verso tre categorie particolari della società giudaica del tempo: anzitutto un lebbroso, poi un pagano, infine, appunto, una donna (Mt 8,2-17). Tali interventi di Gesù sembrano avere in comune non propriamente il fatto che si tratti di guarigioni (la parola guarigione non appare nel caso della purificazione del lebbroso), quanto piuttosto l'idea della reintegrazione di esclusi. Chi viene soccorso da Gesù è escluso dalla piena partecipazione di Israele, perché impuro come il lebbroso, o pagano come il figlio del centurione. La donna, che nella liturgia del Tempio di Gerusalemme rimaneva confinata in un cortile ad essa destinato, ora può invece prestare un generoso servizio, la *diakonia* a Gesù e ai suoi discepoli (Mc 1,31), per la quale si caratterizzeranno molte donne nel Nuovo Testamento[114].

L'intercessione e la cura

Prima della guarigione, in ogni caso, vi è la *cura* che gli altri membri della famiglia hanno verso questa donna.

[114] Cfr. R. Manes, *Matteo*, in A. Guida – R. Manes – M. Nicolaci – R. Virgili, *I Vangeli. Tradotti e commentati da quattro bibliste*, Ancora, Milano 2015, 149.

Anche in altri casi, nel vangelo di Marco, la guarigione è preceduta dall'intercessione di coloro che conducono a Gesù i malati o i posseduti: i barellieri del paralitico (Mc 2,3); il padre della fanciulla malata (5,22); la madre pagana della figlioletta indemoniata (7,25); coloro che portano a Gesù un sordomuto (7,32) o un cieco (8,22). Di questi non si sa nulla, se non che hanno trovato il tempo di occuparsi di coloro che soffrivano, come quelli che si recheranno alla casa di Cafarnao, alla sera, portandogli «tutti i malati e gli indemoniati» (1,32).

Ma non si tratta solo del fatto che alcuni volontari portino gli ammalati a Gesù: in fondo, è lui che si è avvicinato ai bisognosi, come nel caso della suocera di Simone. Facendo ciò, tra l'altro, Gesù avrà anche dovuto superare un'altra soglia "umana", quella della paura di rimanere contagiato dalla malattia. In cosa questa si caratterizzi, poi, è difficile dirlo in modo preciso[115]. C'è la possibilità di vedere nella febbre una malattia grave, oppure di mettersi dal punto di vista del lettore del primo secolo, che avrebbe interpretato "febbre" non tanto come un problema fisico, ma come una punizione divina, o un'influenza astrale negativa, o addirittura, come qualcuno pensa, una possessione demoniaca:

[115] Circa il modo in cui la malattia e la guarigione erano percepite nel contesto sociale in cui viveva Gesù, si può vedere S. Guijarro, «Healing Stories and Medical Anthropology: A Reading of Mark 10:46-52», *Biblical Theology Bulletin* 30 (2000) 102-112.

«Gesù si fa prossimo alla donna malata e la prende per mano: anche per lei questa è un'esperienza di liberazione, come per l'indemoniato, nonostante la definiamo piuttosto guarigione: la febbre, infatti, che aveva allettato la donna, la lascia libera (Mc 1,31)»[116].

È però Matteo ad usare più di tutti il verbo "avvicinarsi", *prosérchomai* (cinquantadue occorrenze contro le dieci di Luca e le dieci di Marco). Compare la maggior parte delle volte per esprimere l'azione di persone che si avvicinano a Gesù per rivolgergli qualche domanda o per cercare una guarigione; viene usato dieci volte per gli avversari (scribi, farisei, sadducei, sommi sacerdoti), che tuttavia lo riconoscono come un maestro autorevole; viene poi usato nella scena della tentazione, per dire l'azione delle potenze soprannaturali (il diavolo e gli angeli). Per due volte, invece, il soggetto del verbo è Gesù, che si avvicina ai suoi discepoli appena dopo la trasfigurazione (Mt 17,7), e nell'ultima occorrenza, in Mt 28,18, quando il Risorto si avvicina a coloro che dubitano. In conclusione, il verbo "avvicinarsi" nel vangelo di Matteo tiene insieme l'annuncio iniziale del vangelo, dove si leggeva che Gesù è il *Dio con noi* (1,23), e i gesti di prossimità che egli compie

[116] A. Guida, *Marco*, in A. Guida – R. Manes – M. Nicolaci – R. Virgili, *I Vangeli*, 526. Sulle varie possibilità di comprendere la malattia nel contesto greco-romano del vangelo, si veda J.G. Cook, «In Defence of Ambiguity: Is There a Hidden Demon in Mark 1:29-31?», *New Testament Studies* 43 (1997) 184-208.

verso i poveri, i malati, i peccatori. Questo verbo arriva alla fine del vangelo, dove si trova la promessa di Gesù di essere sempre vicino: «"Io sono con voi tutti i giorni" (28,20). Mediante questo verbo Matteo ricorda, richiama e ribadisce continuamente la presenza in Gesù dell'*Emmanuele*, del *Dio con noi*»[117].

Dopo essersi accostato alla suocera di Simone, Gesù la "solleva". Come si dirà meglio dopo, questo verbo (che significa anche "svegliarsi", "alzarsi da seduto"), è importante nel Nuovo Testamento, perché con esso si esprime anche la risurrezione di Gesù. Il risultato della guarigione della suocera di Simone, nel racconto di Marco, è sorprendente. Mentre nel testo corrispondente di Matteo, Gesù ha già compiuto molte guarigioni (cfr. Mt 4,23-24) – e la liberazione dalla febbre è solo il terzo miracolo integralmente raccontato nel capitolo ottavo del vangelo (Mt 8,14-17) –, nel vangelo di Marco questa della suocera di Simone è la *prima* guarigione. Ciò sembra proprio essere confermato dal modo in cui nel vangelo di Marco i presenti nella casa si erano rivolti a Gesù: non tanto per implorare un miracolo a un "guaritore" (cosa che invece si legge nel parallelo di Lc 4,38: «lo pregarono per lei»), ma *parlandogli* di quella donna. È quasi come se solo vedendolo guarire la suocera

[117] G. Boscolo, *Chi è Gesù per Matteo? Una risposta attraverso il verbo greco prosérchomai*, Edizioni Messaggero, Padova 2009, 145.

di Simone, i discepoli di Gesù si rendono conto di cosa il loro rabbi possa fare.

La sera, tutti accorrono alla porta della casa dove si trovava Gesù (1,32): la notizia, sembra di capire dal racconto, deve essere ormai uscita dalla casa e ha raggiunto altri ammalati.

3. Gesù nella casa di Cafarnao (Mc 1,31)

Gesù è spesso ritratto nei vangeli mentre siede a tavola con discepoli, peccatori, amici e anche con coloro che in maggioranza vengono considerati suoi avversari (come il fariseo di Lc 7,36). Il tema dello stare a tavola di Gesù è stato oggetto di vari studi, che anche recentemente hanno messo in rilievo le implicazioni di quello che solo apparentemente è un fatto scontato.

Gesù a tavola

Se il banchetto che la tradizione cristiana ricorda meglio è quello eucaristico (perché già attestato nella più antica tradizione paolina; cfr. 1Cor 11,23-25), anche il Risorto mangia coi suoi, esattamente come faceva abitualmente nella sua vita terrena. Anzi, quando è lui stesso a chiedere del cibo («Avete qui qualche cosa da mangiare?»; Lc 24,41), ci sorprende la semplicità di questo gesto, che richiama il *mendicante* che implora il pane e lo cerca umilmente entrando in casa, proprio mentre gli altri sono già a tavola. Gesù, nel libro dell'Apocalisse, è proprio colui che chiede di poter entrare dove si sta condividendo il cibo: «Ecco: sto alla porta e busso. Se qualcuno ascolta la mia voce e mi apre la porta, io verrò da lui, cenerò con lui ed egli con me» (Ap 3,20).

Per tornare ai racconti pasquali, sappiamo che questi insistono sulla *realtà* delle apparizioni e della risurrezione di Gesù, e mostrandolo mentre mangia coi suoi vogliono dire che egli non è un fantasma o qualcuno che si finge il Cristo: è quello di prima, è il Gesù terreno. Come dice Marco attraverso le parole del giovanetto («Gesù Nazareno, *quello* crocifisso, è risorto, non è qui»; Mc 16,6), è proprio lui che ora siede a tavola, è lui che si può riconoscere nel gesto dello spezzare il pane (nella casa di Emmaus; cfr. Lc 24,30-31) o del mangiare il pesce (cfr. Gv 21,9). Ma colpisce come l'incontro a tavola con il Risorto sia narrato nella forma di uno speciale "ritorno alla normalità", forse proprio come potevano essere i pasti di Gesù a Cafarnao. In Galilea, secondo il Quarto Vangelo, accade che i discepoli, forse delusi per il ritardo del manifestarsi di Gesù, ritornino alle loro abituali occupazioni, ma senza pescare nulla. Quando oramai le speranze li abbandonano, ed è l'alba, ecco che qualcuno domanda loro da riva: «Figlioli, non avete nulla da mangiare?» (Gv 21,5). Gesù chiede, anche questa volta, del cibo. Forse perché il mangiare è radicato nella più profonda realtà umana, quella delle necessità di tutti i giorni («dacci ogni giorno il nostro pane quotidiano»; Lc 11,3), ma anche perché mangiare è condividere, stare insieme, è un modo per scambiarsi doni.

La dimensione domestica della fede – rappresentata, qui, nella scena di Gesù che sta a tavola coi suoi discepoli e la famiglia di Simone – è di primaria importanza. Se tra poco diremo che Gesù supera ancora una volta la "soglia" di una casa, non è però per abbandonarla del tutto, perché tante altre volte Gesù entrerà nelle case delle persone, e anche per mettersi a tavola con loro.

Il servizio delle donne

La suocera di Simone, appena guarita, si mette a servire Gesù e gli altri presenti: «come se fosse la cosa più naturale del mondo, la donna non si riserva un tempo per ristabilirsi, non dice: "Devo riprendermi...", ma comincia a servirli, con un aspetto durativo dell'azione (cfr. l'imperfetto *diekónei*) che ne fa, come qualcuno dice, la prima diaconessa del vangelo...»[118].

Il gesto di questa donna potrebbe sembrare scontato e banale ai nostri occhi. E non si tratta soltanto di sottolineare come non sia scritto che la suocera di Simone abbia cucinato (cosa proibita di sabato): siamo di fronte al superamento di un'altra soglia. Con la sua presenza nelle case, Gesù interrompe anche la vita abituale che lì si svolgeva, e questo può aver coinvolto pure le donne e il loro ruolo: «il modo di Gesù di "stare nelle case" provoca l'interruzione almeno temporanea delle funzioni domestiche. Gesù richiede un rapporto immediato diretto con se stesso e con Dio. Si deve inoltre pensare che la sua presenza in una casa poteva provocare l'ingresso di estranei in cerca di lui, con un via vai che alterava la vita normale. I tempi e le collocazioni intradomestiche saltavano»[119]. Per essere ancora più specifici, è possibile che la frase «ed ella li serviva» (Mc 1,31) sia un segnale che con Gesù le cose stavano per cambiare rispetto al tempo e alla cultura giudaica in cui viveva[120]. Ci si è chiesti sopra se le donne

[118] A. Guida, *Marco*, 526. Ma altri studiosi preferiscono il senso *ingressivo* del verbo: «ed ella *iniziò* a servirli»; J. Marcus, *Mark 1-8. A New Translation with Introduction and Commentary*, Doubleday, New York 2000, 196.

[119] A. Destro – M. Pesce, «Dentro e fuori le "case". Trasformazione dei ruoli femminili dal movimento di Gesù alle chiese primitive», in M. Navarro Puerto – M. Perroni (edd.), *I vangeli*, 293-311; 300.

[120] Vi sono infatti testimonianze rabbiniche contrarie a che le donne servano a tavola gli uomini; cfr. R.A. Guelich, *Mark 1–8:26*, Word, Dallas (TX) 1998, 63.

potessero partecipare alla liturgia sinagogale antica; ora non è sbagliato fare una breve riflessione sulla presenza delle donne a tavola, secondo le testimonianze giudaiche contemporanee a Gesù.

In una recente ricerca sull'argomento, centrata sul modo in cui l'identità dei rabbini si è formata anche "a tavola", è stata studiata pure la questione dei pasti condivisi tra uomini e donne. I rabbini a tavola non solo consumavano un pasto, ma si scambiavano "parole di Torà", ovvero discutevano di temi legati all'interpretazione della Bibbia e alla Legge. Per quanto riguarda la presenza delle donne in quel contesto, invece, non ci sono testimonianze a riguardo[121]. Nei testi antichi non vi sono prove che le donne partecipassero a cene di rabbini, quando queste venivano intese però non come semplici pasti, ma come riunioni, tenute comunque a tavola. Ma l'assenza di testimonianze non implica che questo non sia accaduto; nel mondo romano, tra l'altro, le matrone partecipavano ai banchetti, e in quello cristiano ciò accadrà presto, già con i banchetti comunitari nelle chiese paoline[122]. Rimane il fatto, però, che almeno nella letteratura giudaica antica in cui si parla dello stare a tavola tra studiosi della Torà, le donne o sono ignorate o sono escluse.

[121] Cfr. J.D. Rosenblum, *Food and Identity in Early Rabbinic Judaism*, Cambridge University Press, Cambridge 2010, 123-132.

[122] Sulla presenza delle donne in tali banchetti, si veda ora R. Penna, *La Cena del Signore. Dimensione storica e ideale*, San Paolo, Cinisello Balsamo (MI) 2015, 119-122.

E le donne non appaiono nemmeno all'interno di situazioni in cui si descrivono i banchetti nuziali! Da questo punto di vista è davvero originale la notizia che si trova nel vangelo secondo Giovanni – unica attestazione nel mondo ebraico antico[123] – secondo la quale al banchetto di nozze di Cana non solo vi erano Gesù e discepoli, ma anche una donna, «la madre di Gesù» (Gv 2,1).

Se dunque non abbiamo testimonianze inoppugnabili circa il ruolo delle donne a tavola nella società giudaica al tempo di Gesù, si può affermare che egli ha operato un cambiamento decisivo a riguardo? Anche il fatto che delle donne abbiano partecipato ai pasti di Gesù e dei suoi ospiti – magari interrompendoli, come si legge anche in Lc 7,37-38 – necessita di ulteriori approfondimenti. Ipotesi come quelle che vedono nella cena del Signore una cena "rivoluzionaria", di stampo anti-imperiale, pur interessanti, non soddisfano del tutto[124]. Pure l'interpretazione di un detto del *Vangelo di Tommaso*, 61, nel quale Salome, una discepola "ideale" di Gesù, gli dice «Sei salito al mio letto [= alla mia tavola] e hai mangiato alla mia tavola», non può portare a conclusioni affrettate. Anche se qualcuno ha voluto leggervi una relazione scandalosa tra Gesù e

[123] J.D. Rosenblum, *Food and Identity in Early Rabbinic Judaism*, 127, n. 74.
[124] Cfr. R.A. Streett, *Subversive Meals: An Analysis of the Lord's Supper Under Roman Domination During the First Century*, Pickwick, Eugene (OR) 2013.

Salome[125], si deve escludere dall'intenzione di quel detto «qualsiasi connotazione sessuale o gastronomica»[126]. In primo luogo, perché il riferimento al "letto" riguardava il letto tricliniare, in quanto, quando si mangiava, «nell'antichità la postura assunta era quella reclinata[127]» (cfr. Gv 13,23-25), e poi perché con quell'immagine si vuol esprimere piuttosto l'unione spirituale profonda di questa discepola con il suo Maestro. Certo, tale unione viene resa, non si può negarlo, con la metafora dello stare insieme e consumare un pasto alla stessa tavola. Cosa che, nei vangeli canonici, è detta espressamente solo del pranzo di nozze a cui si è accennato.

Altri commentatori – soprattutto coloro che praticano un approccio femminista alla Scrittura – hanno cercato anche di sottolineare la forza semantica del verbo che ha come soggetto la suocera di Simone, "servire", *diakoneō* che – se come suo primo significato fondamentale ha quello del servire "a tavola[128]" – può lasciare intravvedere anche il senso di un *discepolato* femminile. Infatti, «è possibile che il testo venisse udito e compreso a due livelli nella comunità di Marco», quello più pratico e legato alla

[125] Così K.E. Corley, «Salome and Jesus at Table in the Gospel of Thomas», *Semeia* 86 (1999) 85-97; 86.

[126] A. Puig i Tàrrech, *I vangeli apocrifi*, 184, n. 115.

[127] R. Valantasis, *Il Vangelo di Tommaso. Versione copta integrale commentata*, Arkeios, Roma 2005, 164.

[128] Ma si veda M.L. Rigato, *Discepole di Gesù*, EDB, Bologna 2011, 43: «Nessuno dice che [la suocera di Pietro] servisse a tavola».

situazione della casa in cui si trovava Gesù, e quello di un altro servizio, espresso con la stessa parola, ad esempio in Mc 15,41, e riguardante proprio quelle donne che, ora sotto la croce, «quando Gesù era in Galilea, lo seguivano e servivano (*diekónoun*)»[129]. Tale idea è ancora più accentuata nel vangelo secondo Matteo. Nella sua versione della guarigione della suocera di Simone, l'evangelista scrive che ella, alzatasi, si mise a servire *Gesù*, e non altri («e iniziò a servir*lo*»; Mt 8,15[130]), lasciando così intendere un servizio più ampio di quello a tavola, riguardante in modo più specifico la sua persona. Si può dire che dalla guarigione della suocera di Simone e dal suo prezioso servizio, ne è derivata una benedizione per tutta l'umanità: davvero Gesù Cristo rende dignità all'uomo – *alla donna* –: la stessa dignità nell'uguaglianza.

4. Una lettura per l'oggi

Diverse sono le applicazioni possibili per il nostro tempo. Nella Galilea di Gesù non doveva essere difficile accorgersi della malattia e delle sofferenze dei più deboli: in

[129] E.M. Wainwright, *Women Healing / Healing Women*, 111.

[130] In alcuni manoscritti antichi, tra cui una correzione al Sinaitico, e nella versione latina di Girolamo si trova il pronome plurale («servirli»), ma è una probabile assimilazione a Mc 1,31.

una società dove tutti sapevano tutto di tutti, la condivisione del disagio poteva avvenire più facilmente di quanto non lo sia nei nostri giorni, nelle nostre città, nelle quali invece si incrementano – scrive papa Francesco – «l'abbandono di anziani e malati». La città moderna, «che potrebbe essere un prezioso spazio di incontro e di solidarietà, spesso si trasforma nel luogo della fuga e della sfiducia reciproca. Le case e i quartieri si costruiscono più per isolare e proteggere che per collegare e integrare» (*Evangelii gaudium*, 75).

Il fatto che Gesù abbia ascoltato quelli che «gli parlarono» della suocera di Simone (Mc 1,30), in rapporto ad uno spazio domestico così ristretto, avrà comunque dovuto significare «lo spostarsi dal cortile fin dentro a una delle stanze della casa nella quale dovevano trovarsi dei paglie-ricci usati per la notte, o nel caso qualcuno fosse malato»[131]. Gesù, anche dentro la casa, si muove: come scrive Marco, *si avvicina* (Mc 1,31). Superata una soglia, quella dell'ingresso della casa, deve passarne un'altra più impegnativa: avvicinarsi a chi è nel dolore. In questo modo Gesù incarna quella "mistica degli occhi aperti" che contraddistingue il cristianesimo rispetto ad altre forme di compassione o empatia (come la "mistica degli occhi chiusi", ad esempio, del Buddha), secondo la felice definizione del teologo

[131] E.M. Wainwright, *Women Healing / Healing Women*, 109.

Johann Baptist Metz[132]. Papa Francesco nella *Evangelii gaudium* (272) usa un'espressione simile, quella di una "mistica dell'avvicinarci agli altri", messa in atto da Gesù «si avvicina al cieco lungo la strada (cfr. Mc 10,46-52) e quando mangia e beve con i peccatori (cfr. Mc 2,16), senza curarsi che lo trattino da mangione e beone (cfr. Mt 11,19). Lo vediamo disponibile quando lascia che una prostituta unga i suoi piedi (cfr. Lc 7,36-50) o quando riceve di notte Nicodemo (cfr. Gv 3,1-15)».

Infine, diverse applicazioni pastorali scaturiscono dal servizio messo in atto dalla suocera di Simone. La Chiesa ha capito che il cristianesimo ha permesso alla donna di avere una dignità che non era sempre condivisa nelle civiltà antiche. Giovanni Paolo II nella *Mulieris Dignitatem* (27) afferma che «la Chiesa, difendendo la dignità della donna e la sua vocazione, ha espresso onore e gratitudine per coloro che – fedeli al Vangelo – in ogni tempo hanno partecipato alla missione apostolica di tutto il Popolo di Dio». Si sta parlando delle prime discepole di Gesù, «ed in seguito altre ancora, ebbero parte attiva ed importante nella vita della Chiesa primitiva, nell'edificare sin dalle fondamenta la prima comunità cristiana – e le comunità

[132] Cfr. J.B. Metz, *Mistica degli occhi aperti. Per una spiritualità concreta e responsabile*, Queriniana, Brescia 2013; orig. tedesco, *Mystik der offenen Augen. Wenn Spiritualität aufbricht*, Herder, Freiburg 2011.

successive – mediante i propri carismi e il loro multiforme servizio. [...] L'apostolo parla delle loro "fatiche" per Cristo, e queste indicano i vari campi del servizio apostolico della Chiesa, iniziando dalla "chiesa domestica"». Se questo è condizione necessaria per un vero umanesimo, c'è ancora molto da fare, e per quanto riguarda la comunità dei cristiani, «c'è ancora bisogno di allargare gli spazi per una presenza femminile più incisiva nella Chiesa» (Francesco, *Evangelii gaudium*, 103).

V

La sera del sabato

Era la sera. La notte era chiarissima, come per imminente luna: e la coppa di purissima forma che è così azzurrina pallida, sotto il sole, era di un azzurro forte, notturno, nella sera d'Oriente. Il lago era deserto, silenzioso: qualche più vivace stella vi si rifletteva. Le sue acque erano immobili: se esse lambivano la sponda, nessun sussurrìo ne veniva sino a me[133].

Con questa bella prosa la scrittrice e giornalista Matilde Serao (1856-1927), nel suo resoconto di un pellegrinaggio del 1893 in Terra Santa, descriveva la sera sul lago di Tiberiade. Ai tempi di Gesù però la percezione del lago non doveva essere così romantica al sopraggiungere della sera. Nei piccoli centri abitati come quelli della Galilea del I secolo, la preoccupazione era quella di prepararsi per la

[133] M. Serao, *Nel paese di Gesù*, F. Perrella, Napoli 1905, 288.

notte: non essendoci la luce artificiale, bisognava prendere le dovute precauzioni per proteggersi dai pericoli.

Secondo il libro dei Salmi alla sera può sopravvenire la tristezza («alla sera ospite è il pianto»; Sal 30,6), sentimento però temperato dal conforto della preghiera, almeno per chi sa alzare le proprie mani «come sacrificio della sera» (Sal 141,2). Sempre nel libro dei Salmi la sera è metafora dell'esistenza e del tempo che volgono al termine, degli anni dell'uomo, che in questo ultimo momento della giornata può finalmente riconoscere come la vita «al mattino fiorisce e germoglia, alla sera è falciata e dissecca» (Sal 90,6). Nella Bibbia, poi, la sera prelude al riposo notturno e alla cessazione di ogni attività: l'eccezione è rappresentata dai ladri che vanno in giro di notte a depredare le case (cfr. Ger 49,9; Abd 1,5), e dalla donna del Cantico dei Cantici che si alza nel cuore della notte per cercare l'amato che è scomparso dal suo letto (cfr. Ct 3,1).

Anche a Cafarnao, stando al racconto di Marco, in quella sera, vicino al lago, vi era qualcosa di straordinario: anziché prepararsi per la notte, davanti alla porta della casa di Simone e Pietro si era radunata molta gente.

1. La pazienza di aspettare (Mc 1,32)

Si è detto sopra che la notizia della guarigione della suocera di Simone deve essersi diffusa velocemente se, subito dopo, Marco racconta della ressa davanti alla porta della casa dove abitava.

L'evangelista è molto preciso nel riferire, in Mc 1,32, che solo al calare del sole, ovvero terminato quello *Shabbat*, «gli portavano tutti i malati e gli indemoniati», o forse, meglio, come altri intendono, «*cominciarono* a portagli tutti i malati...»[134]. Il popolo di Israele qui viene presentato come fedele alla prescrizione del sabato. Qualche commentatore ha notato che la scena prende più senso se letta tenendo in controluce le tradizioni già dibattute dalle scuole di Rabbi Hillel e Rabbi Shammai a proposito della celebrazione della *Havdalà*, ovvero della "separazione" del sabato dal resto dei giorni della settimana. Da quel momento non solo si poteva riprendere a sollevare pesi e trasportare cose, ma una candela apposita veniva accesa nelle case – al comparire delle prime tre stelle della sera – a significare il ritorno alla ferialità: iniziava il "primo giorno" dopo il sabato. In alcuni testi rabbinici il rito della *Havdalà* viene associato alla lotta contro le forze demoniache, e questo conferma quanto si accinge a compiere Gesù.

[134] La stessa forma di imperfetto ingressivo che per alcuni si trova in Mc 1,31: «ed ella *iniziò* a servirli».

La pazienza doveva essere non solo quella di attendere la fine del sabato, ma anche, possiamo arrivare a pensare, di essere visti o toccati da Gesù, facendo magari la fila. La cosa si complica se immaginiamo la ristrettezza dello spazio davanti alla casa di Simone, dove cioè venivano portati malati e indemoniati. Nella sua versione della giornata di Cafarnao, Matteo però scrive che «venuta la sera... scacciò gli spiriti con una parola e curò tutti quelli che avevano malattie» (Mt 8,16). Insistiamo, per valorizzarlo, con l'uso strumentale di un dativo che già san Girolamo aveva reso in quel modo (*verbo*), per dire che Gesù scacciava gli spiriti impuri *con* la sua parola potente, come già aveva guarito «*con* una parola» un ragazzo (cfr. Mt 8,8). Se non tutti, forse, saranno riusciti ad avvicinarsi a lui per essere guariti, la sua Parola poteva essere udita anche da lontano.

2. La sera e l'inizio di una giornata

L'evangelista Marco racconta che le guarigioni di Gesù a Cafarnao ebbero luogo alla sera, cioè all'*inizio di una nuova giornata*, a causa della differente modalità di computare lo scorrere del tempo. Non solo era diverso, nella Galilea di Gesù, rispetto a Roma, il modo di contare i *mesi* e i *giorni*, perché il calendario civile giuliano (scelto da

Giulio Cesare nel 46 a.C.) si basava sulla durata dell'anno solare (mentre per l'ebreo osservante il tempo veniva computato secondo un calendario "religioso" lunisolare, basato su un mese lunare di circa ventinove giorni e mezzo). Diverso era anche il modo di contare le *ore*. Al tempo di Gesù erano in vigore sia il sistema greco che quello romano, che calcolavano l'inizio del giorno a fini legali, a partire dalla mezzanotte, o a fini pratici, a partire dall'alba, ma che pur sempre erano basati sul percorso del sole da Est a Ovest. La concezione del tempo che ne derivava era "spaziale" (basata cioè su calcoli geometrici), circolare e ripetitiva, per la quale ogni giorno aveva lo stesso numero di ore, minuti, secondi, ecc. Ma un «tale livello di astrazione sarebbe stato inconcepibile e senza senso nella concezione biblica ebraica»[135]. Nella cultura della Galilea e della Giudea, al contrario – anche se si sapeva bene, come dice il Salmo, che il sole «sorge da un estremo del cielo e la sua orbita raggiunge l'altro estremo» (19,7) –, l'unità di tempo non veniva computata sulla base della posizione di quella stella. Molto più importante era l'*alternanza luce / buio*, forma che era già presente nel calendario dell'antica Mesopotamia, dalla quale l'Israele in esilio doveva aver preso quanto poi si troverà nel libro della Genesi: «E fu

[135] O.J. Thienhaus, «Jewish Time: Ancient Practice, Hellenistic and Modern Habits, Freud's Reclaiming», *Judaism* 48 (1999) 442-449; 445.

sera e fu mattina, giorno primo» (1,5). In questo modo, «il giorno non è una nozione astratta di ventiquattro ore, ma il periodo che trascorre da un tramonto all'altro. In altre parole, l'unità di tempo "giorno" è definita sulla base della fase buio / luce»[136].

La conseguenza ovvia di questo ragionamento, per quanto riguarda la nostra pagina di Cafarnao, è che alla sera, quando, passato il sabato, Gesù si prende cura degli ammalati, è l'inizio di una nuova giornata. Per prima cosa, quando si iniziano a contare le ore del giorno, prima ancora di poter concedere riposo al proprio corpo, Gesù si avvicina ai poveri che vengono da lui.

3. Gesù alla porta della casa (Mc 1,33)

Se ora ci spostiamo dalla dimensione temporale a quella spaziale, notiamo come Marco scrive che «tutta la città era riunita davanti alla porta» (Mc 1,33). Con ciò forse vuol dire che l'esorcismo in sinagoga, prima, e la guarigione della suocera di Simone in casa, poi, avevano attirato l'attenzione su Gesù. Per dirlo con le parole dell'evangelista Matteo, le "voci" su Gesù si erano diffuse al punto da arri-

[136] Ivi, 443.

vare fino alla Siria (Mt 4,24), e per questo portavano a lui tutti quelli che «avevano diverse malattie, erano oppressi da tormenti, indemoniati, epilettici, paralitici».

Sta di fatto che Gesù è costretto a rimanere all'esterno – alla *porta* – della casa per ricevere la folla di bisognosi che si rivolgono a lui. Non si parla qui della porta *della città*. Proprio l'archeologia ci permette di escludere questa interpretazione: Cafarnao non aveva mura che la difendessero – almeno nel periodo in cui vi è vissuto Gesù – e quindi nemmeno porte che impedissero o permettessero l'accesso alla città. Si deve intendere qui, pertanto, una porta che conduceva al *cortile interno* dell'abitazione dove Gesù risiedeva, per il fatto, evidentemente, che non vi era più spazio per altra gente all'interno dello stesso cortile.

Le porte delle città bibliche non erano però semplici porte. Essendo la parte più delicata e debole della fortificazione di una città circondata da mura (parte che veniva attaccata con più insistenza), si potrebbe piuttosto parlare di un "sistema di porte", ovvero di un complesso composto di una porta esterna, che poteva avere due stanze per le guardie, e di una porta principale nelle mura (che conduceva però non direttamente alla città, ma formava una curva, generalmente a sinistra, dove si trovava una torre o un bastione di protezione). Lo scopo di questo complesso sistema era la difesa, perché nessuno – se non atteso – potesse attraversarlo: più precisamente, la curva a gomito serviva per permettere ai cittadini di attaccare coloro che entravano con lo scudo a sinistra, e che erano facile bersaglio di chi da dentro, dalla destra, nel bastione, poteva lanciare contro di loro frecce e lance[137].

Gesù non si pone "alla porta" di una città per difenderla. Si trova invece davanti al cortile di una casa, dove non vi sono eserciti ma amici, pronti ad accogliere – fino al punto di lasciare che si scoperchi il tetto della loro abitazione (cfr. Mc 2,3-5) – coloro che hanno bisogno. La metafora della *porta*, molto usata nella Bibbia e da Gesù stesso (che parla di sé come della "porta" in Gv 10,9: «Io sono la porta»), riguarda anche la città santa di Gerusalemme che scende dal cielo con porte preziose come perle. Ma queste porte non sono chiuse a difesa: si può anzi attraversarle, come ha fatto il veggente dell'Apocalisse, che già ha scorto ciò che vi è all'interno, la piazza della città; anche lì, come prima in un cortile di Cafarnao, si trova l'Agnello (cfr. Ap 21,21-22).

[137] Cfr. O. Borowski, *Daily Life in Biblical Times*, 47.

4. Gesù prende su di sé debolezze e malattie

Il tema della *malattia*, che si è presentato nel vangelo di Marco col breve resoconto della guarigione della suocera di Simone, ritorna ora, alla sera. La sofferenza dei poveri che si rivolgono a Gesù è quella che ha fatto sperimentare loro una radicale impotenza, la ricerca di un rimedio (magari, si diceva sopra, alle "sette fonti" non distanti dalla cittadina), un bisogno di salvezza, l'accettazione di essere creature povere e toccate dal limite. Per questo quei poveri si sono affidati a Gesù, o a coloro – come i barellieri (cfr. Mc 2,3) – che potevano condurli alla sua presenza. Si chiarisce allora la strada che vuol farci percorrere Marco per arrivare a conoscere chi è Gesù. Il suo "avvicinarsi all'altro" porta con sé un prezzo da pagare.

Alcuni decenni dopo Marco, l'evangelista Matteo chiarirà questo punto facendo ricorso alla luce che viene dalle antiche profezie. Scriverà, a proposito della sera di quel giorno a Cafarnao: «Venuta la sera, gli portarono molti indemoniati; scacciò gli spiriti con una parola e curò tutti quelli che avevano malattie, perché si compisse ciò che era stato detto per mezzo del profeta Isaia: *Egli ha preso le nostre debolezze e ha portato (su di sé) le malattie*» (Mt 8,16-17). Dopo una serie di miracoli di guarigioni raccontati nel capitolo ottavo, ora Matteo applica a Gesù un versetto tratto da uno dei testi conosciuti come carmi del Servo di Yhwh (Is 53,4), largamente commentato anche dai rabbini e che tra l'altro si trova nelle fonti giudaiche per parlare di un Messia che avrebbe portato su di sé le *infermità* del popolo (senza però, per questo, doverne soffrire). Qualunque potesse essere il significato della profezia nel contesto isaiano (dove probabilmente il profeta intendeva le sofferenze del suo popolo, Israele), Matteo compie un'importante operazione. Anche se l'evangelista deve aver scelto appositamente un testo dove Isaia non sta *ancora* parlando dei dolori di quel Servo (bisognerà attendere il prosieguo del vangelo per trovare altri riferimenti alla stessa figura, e soprattutto Mt 20,28, dove viene ripresa la figura del Servo, ora "sofferente"), viene comunque aperta la strada per dire cosa comportino per Gesù le guarigioni. Da una parte, viene annunciato il ristabilimento dell'alleanza: con la sua attività taumaturgica e la liberazione dalla malattia e dai dolori, Gesù anticipa quello che avverrà nell'ultima cena, quando l'alleanza sarà ristabilita. In quella cena, però, il "segno" non sarà più nei miracoli, ma nel *sangue* di Cristo, che sarà da lui «versato per la remissione dei peccati» (Mt 26,28), per la guarigione integrale e la liberazione dell'uomo. La "mistica dell'avvicinarsi" vuole dire, in definitiva, non risparmiare la propria vita per incontrare l'altro.

Anche la malattia, così, con Gesù a Cafarnao, è divenuta un *varco*: non è strano che Gesù parli – come si è appena detto – davanti ad una *porta*. Anche il punto più doloroso dell'esperienza umana, quello della malattia e della morte, può divenire, per chi si affida, un punto d'incontro. Gesù non si limita a fare una "diagnosi" delle malattie: attraverso di esse trova l'uomo che vi è imprigionato, e il ferito che cerca la salvezza. Chi è stato sanato non avrà provato soltanto il sollievo dal dolore, ma avrà avuto, anche e soprattutto, la possibilità di un incontro.

5. *Tutti* accorrono e *molti* sono guariti (Mc 1,34)

Nel sommario di Mc 1,32-34 vi è un dettaglio che potrebbe segnalare una tensione, data dall'opposizione tra i "*tutti*" che accorrono a Gesù per essere sanati (vv. 32.33.37) e i "*molti*" che invece, effettivamente, verranno guariti, secondo quanto si legge al v. 34: «Guarì *molti* che erano afflitti da varie malattie…». Questa tensione – che non si trova però nelle due altre versioni di Matteo e di Luca (dove Gesù guarisce *tutti* quelli che vanno da lui; cfr. Mt 8,16; Lc 4,40) – sarebbe presente nel testo: «Ci sono molti malati e indemoniati, ma non tutti vengono guariti: Gesù non guarisce meccanicamente, ne cura molti ma, a differenza del racconto di Matteo e Luca, non guarisce tutti»[138], «l'ammalato lascia a Gesù il modo in cui egli voglia intervenire sulla sua malattia»[139]. Sia presente o meno[140] una tensione, è necessario comunque fare una distinzione tra i verbi "curare" e "guarire", che anche san Girolamo nella sua versione latina rendeva diversamente, traducendo il greco *therapeuō* con il latino *curare* e il greco *iaomai* con *sanare*[141].

Sembra che almeno si possa dire che il rabbi di Galilea, ancor prima di *guarire* qualcuno, si prendesse anzitutto e comunque *cura* di questi. E se non tutti sono guariti, rimarranno i "poveri" di cui ora altri si dovranno occupare (cfr. Mc 14,7: «I poveri infatti li avete sempre con voi»), e quelli che un giorno, comunque, verranno sanati da Dio. Il verbo che Marco usa per dire la guarigione della suocera di Simone («la *sollevò*», in 1,31; in greco *egeirō*) nel Nuovo Testamento non ricorre soltanto nei contesti delle guarigioni (Mc 2,9.11; 5,41; 9,27) ma soprattutto nel racconto della risurrezione di Lazzaro (Gv 12,1.9) e di Cristo (ad esempio: Mc 16,6; At 3,15; Rm 10,9). Come Gesù è stato capace di guarire e *sollevare* la suocera di Simone, così sarà capace di dare la vita anche a coloro che non sono stati guariti.

[138] E. Bianchi, *Evangelo secondo Marco. Commento esegetico-spirituale*, Qiqajon, Magnago (VC) 1984, 35-36.

[139] L. Orlando, *La giornata di Gesù a Cafarnao*, 129.

[140] Non vede alcuna tensione R.T. France, *The Gospel of Mark*, 110.

[141] Nel greco classico a volte i verbi erano usati come sinonimi, e in effetti nel vangelo di Matteo, in casi come 12,22 o 15,30-31, l'effetto della cura di Gesù è proprio la guarigione.

La sera oramai volge alla notte: questa però non fa più paura, perché lì dove c'è Gesù, Dio porta la sua presenza rassicurante e la consolazione per quelli di cui egli si prende cura.

6. Una lettura per l'oggi

Al termine di questo capitolo, torna alla nostra mente la costituzione del Concilio Vaticano II *Gaudium et Spes* (1), che si apriva parlando delle sofferenze umane: «Le gioie e le speranze, le tristezze e le angosce degli uomini d'oggi, dei poveri soprattutto e di tutti coloro che soffrono...». Davanti a queste sofferenze si è posto anzitutto Cristo, e con Gesù la Chiesa che non ignora il mistero dell'uomo in nessuno dei suoi aspetti: «Tale e così grande è il mistero dell'uomo, questo mistero che la Rivelazione cristiana fa brillare agli occhi dei credenti. Per Cristo e in Cristo riceve luce quell'enigma del dolore e della morte, che al di fuori del suo Vangelo ci opprime» (22). La stessa cosa si può dire ora con le parole di papa Francesco, quando afferma che «il Vangelo ci invita sempre a correre il rischio dell'incontro con il volto dell'altro, con la sua presenza fisica che interpella, col suo dolore e le sue richieste, con la sua gioia contagiosa in un costante corpo a corpo» (*Evangelii gaudium,* 88).

VI

UN'ALTRA MATTINA A CAFARNAO

Quando il lago di Kinnèret è liscio come uno specchio come si può essere nervosi.

«Gli amici mi avevano detto: va' a Tiberiade, spalmati addosso i fanghi, e torna qui – e allora se ne parlerà».

Così, una scrittrice Israeliana contemporanea, Orly Castel-Bloom (Tel Aviv, 1960), ha intitolato e dato inizio a un suo racconto breve che tratta di un personaggio irritabile e sospettoso che viene inviato dai suoi amici sul lago di Galilea per rilassarsi e riacquistare la calma[142]. Un modo molto moderno, in fondo, per esprimere l'idea di pace che viene dal lago *Kinnèret*, il cui nome richiama l'arpa di David. Questo strumento, se veniva suonato dal giovane

[142] O. Castel-Bloom, «Quando il lago di Kinnèret è liscio come uno specchio come si può essere nervosi», traduzione di G. Sciloni, *La Rassegna Mensile di Israel* 57 (1991) 165-169; cfr. anche la traduzione di S. Kaminski e E. Loewenthal, «Quando il Lago di Tiberiade è liscio come l'olio, come si fa a essere nervosi», in *Rose d'Israele*, Tascabili E/O, Roma 1994.

David, aveva il potere di placare, almeno per un po', la ciclotimia del re Saul: «Quando dunque lo spirito di Dio era su Saul, Davide prendeva in mano la cetra (*kinnôr*) e suonava. Saul si calmava e si sentiva meglio e lo spirito cattivo si ritirava da lui» (1Sam 16,23).

Il lago di Galilea è bellissimo, e se i pescatori raccontano delle frequenti tempeste o dei forti venti che possono improvvisamente scuoterlo soprattutto a fine pomeriggio o alla sera (cfr. Mc 6,48), di mattina è spesso uno specchio d'acqua. Anche Gesù, come leggiamo nei vangeli, deve essersi seduto sulla riva per contemplarlo. E per la sua calma e bellezza deve averlo scelto come luogo da cui raccontare le parabole del regno, da una barca che distava pochi metri dalla riva, magari all'interno di un'insenatura favorita da un'acustica naturale[143]: «in quel giorno Gesù, uscito dalla casa, stava seduto presso il mare; si radunarono vicino a lui molte folle, al punto che per sedersi salì su una barca, mentre tutta la folla rimase in piedi sulla riva» (Mt 13,1).

[143] Cfr. L. Orlando, *La giornata di Gesù a Cafarnao*, 165, n. 39.

1. La preghiera al mattino presto (Mc 1,35-37)

Un'altra giornata di Gesù a Cafarnao si era aperta, alla sera, si è detto, con la cura per gli ammalati e gli indemoniati. Questa prosegue col riposo, e con Gesù che «al mattino presto si alzò quando ancora era buio e, uscito, si ritirò in un luogo deserto, e là pregava. Ma Simone e quelli che erano con lui si misero sulle sue tracce. Lo trovarono e gli dissero: "Tutti ti cercano!"» (Mc 1,35-37).

Non sappiamo a quale luogo deserto possa riferirsi l'evangelista, ma certo non doveva essere distante dal lago. Della preghiera di Gesù, nella forma celebrata in sinagoga, si è già detto sopra (vedi capitolo III). Aggiungiamo ora che questa preghiera mattutina e personale sembra essere il modo in cui il Signore riconduce tutto al Padre: quello che ha vissuto dalla sera precedente, quello che lo aspetta nel giorno che continua. Senza la preghiera, nessun figlio dell'uomo riesce a fare unità nella propria vita.

2. Tutti cercano Gesù

Resta da comprendere meglio il senso della ricerca di Gesù da parte dei suoi. Il demonio aveva in qualche modo, nella sinagoga, tentato di esercitare un potere su Gesù, dicendo di sapere chi fosse quel rabbi di Galilea («io so»; Mc 1,24); ora è Pietro, insieme agli altri, che tenta di dominarlo. Qualcuno ha infatti notato la forza del verbo "cercare", e la sfumatura di significato che veicola. La frase «"tutti ti cercano", sotto le spoglie innocenti di un'informazione relativa ad "altri" suona in realtà come parola pressante [...], così parafrasabile: "Torna con noi a Cafarnao, perché tutti (noi compresi) giustamente ti pretendono per concludere le guarigioni iniziate". Si tratta di una ricerca definibile come pretesa captativa»[144].

3. La giusta distanza (Mc 1,38)

La risposta di Gesù a quelli che lo cercavano è chiara: «"Andiamocene altrove, nei villaggi vicini, perché io predichi anche là; per questo infatti sono venuto!"» (Mc 1,38). Gesù non si lascia afferrare, ed educa i suoi discepoli ad andare oltre, a non fermarsi, indicando loro altri luoghi, altre periferie.

Come possiamo interpretare teologicamente il senso profondo della risposta di Gesù a Simone? Possiamo intraprendere almeno due strade.

[144] R. Vignolo, «"Tutti ti cercano" (Mc 1,37). Cercare Gesù come tema e forma del vangelo di Marco», in E. Bianchi (ed.), *Cercare Dio*, Dehoniane, Bologna 1997.

La prima è quella che riguarda in generale le *relazioni*, e quindi anche quelle vissute da Gesù. Partendo dall'assunto che «nei gesti che compiamo verso coloro a cui vogliamo bene abbiamo difficoltà a tener fermi *i due poli della vicinanza e della distanza*»[145] – perché la prima, se necessaria, può diventare intrusiva, mentre la seconda può scadere in individualismo e giudizio sull'altro –, ecco che Gesù fornisce un insegnamento a proposito. Nel suo dire "andiamo altrove" «i due tratti principali del comportamento di Gesù sono proprio la vicinanza e la distanza», perché «l'eccesso di vicinanza, nei rapporti umani, diventa asfissia: bisogna sapersi allontanare, bisogna sapersi sottrarre»: «la lontananza non è una semplice strategia umana, il tirarsi indietro non è una mossa astuta per farsi cercare, ma è un vero *uscire*, possibile soltanto *nel colloquio col Padre*. Senza questo colloquio che cerca la Sua volontà, Gesù, come molti di noi, si sarebbe lasciato imprigionare dalle troppe attività, dai troppi impegni, dai "servizi" locali»[146]. La lontananza di Gesù da chi lo vuole bloccare è dunque un modo per cercare la *prospettiva giusta*. Quella che da una parte lo vede in preghiera col Padre, e dall'altra lo rilancia verso altri luoghi e villaggi.

[145] G. Gillini – M. Zattoni, «Amore come vicinanza "e" distanza», in *La famiglia nel giardino delle Scritture*, San Paolo, Cinisello Balsamo (MI) 2008, 36-42; 37.
[146] Ivi, 39; 41-42.

4. Uscire verso altri villaggi

Vicino a un piccolo villaggio della Galilea meridionale, Timrat, situato una decina di chilometri a ovest di Nazaret, nel 2011 fu scoperta per caso, su una roccia, un'iscrizione lunga una sessantina di centimetri, con le tre lettere ebraiche *shin*, *bet* e *tav*, che formano la parola "Shabbat", sabato. L'archeologo che l'ha interpretata, Mordechai Aviam[147], ritiene che l'iscrizione possa risalire al tardo periodo romano o a quello bizantino, ovvero ad un tempo tra il III e il VI secolo d.C.

L'iscrizione ha riaperto la discussione sulla possibilità che segnali come questi venissero usati nei villaggi della Galilea per delimitare il percorso di un sabato, e servissero per segnalare il "confine del sabato" di un villaggio abitato da ebrei osservanti. Del cammino consentito in giorno di sabato abbiamo notizia anche dagli Atti degli Apostoli, allorquando viene descritto il ritorno dei discepoli «a Gerusalemme dal monte detto degli Ulivi, che è vicino a Gerusalemme quanto il cammino permesso in giorno di sabato» (1,12), ovvero duemila cubiti. L'iscrizione di Timrat, a circa 1,5 km dal villaggio, potrebbe confermare questa prassi, regolata sulla base di testi come Es 16,29 («Nel settimo

[147] L'iscrizione è commentata da Mordechai Aviam, «The Sabbath Boundary at Timrat», *Eretz Magazine*, August-September (2011) 52-55.

giorno nessuno esca dal luogo dove si trova»), alla luce di Nm 35,5 («Misurerete dunque, all'esterno della città, duemila cubiti...»). Il libro degli Atti registra la pratica al fine di affermare volutamente che i discepoli di Gesù la osservavano[148]: noi, pertanto, non abbiamo ragioni per dubitare che anche Gesù possa averla seguita. Forse è per questa ragione che solo al risveglio, la mattina dopo lo *Shabbat*, Gesù può *uscire* da Cafarnao per andare altrove.

5. Gesù lascia Cafarnao (Mc 1,39)

Il vangelo secondo Marco lascia intendere che Gesù – dopo la notte in preghiera – se ne andò da Cafarnao per un certo tempo, dovendo annunciare il Vangelo in altri villaggi della Galilea: «e andò per tutta la Galilea, predicando nelle loro sinagoghe e scacciando i demòni» (Mc 1,39). Ma, a guardar bene, all'inizio del capitolo seguente l'evangelista scrive che Gesù entrò *di nuovo* in quella città (2,1). In essa vi rimarrà per qualche tempo – non vi sono indicazioni più precise a riguardo – fino a quando l'orizzonte della missione di Gesù si allargherà ancora di più,

[148] «Luca si preoccupa di descrivere gli Apostoli come cristiani ancora osservanti dei loro obblighi giudaici»; J.A. Fitzmyer, *The Acts of the Apostles. A New Translation with Introduction and Commentary*, Yale University Press, New York 1998, 213.

come si evince da frasi che descrivono l'arrivo di tanta gente che accorreva per vedere quel rabbi, provenendo non solo dalla Galilea, ma anche «dalla Giudea, e da Gerusalemme, dall'Idumea e da oltre il Giordano e dalle parti di Tiro e Sidone» (3,8).

Mentre rimane ancora per un po' a Cafarnao, in quella città Gesù compie altre guarigioni e insegna. Secondo il vangelo di Giovanni, proprio la sinagoga di Cafarnao è lo scenario dove Gesù parlerà di sé come del pane della vita (cfr. Gv 6,59). Una cura particolare che Gesù sembra avere in quei giorni, è quella verso i peccatori. Con essi, in un'altra casa di Cafarnao, Gesù si intrattiene a tavola e per questo viene accusato dai benpensanti e da coloro che si ritenevano giusti, e che Gesù ammonisce: «io non sono venuto a chiamare i giusti, ma i peccatori» (Mc 2,17).

Infine, già a Cafarnao si configura – proprio per i primi ostacoli che Gesù vi trova – l'inizio della *crisi*, che gli studiosi definiscono appunto la "crisi galilaica". La missione di Gesù, già in questa regione, comincia ad incontrare diverse opposizioni. Ed è proprio da questo momento che Gesù parla (e secondo i vangeli lo farà per tre volte, in Mc 8,31; 9,31; 10,33-34) di un suo pellegrinaggio a Gerusalemme, dove avrebbe trovato la morte. Anche se non molti storici del cristianesimo antico oggi sono disposti ad accettare che Gesù possa aver annunciato ripetutamente, e in maniera così esplicita, come fanno le tre profezie, la possibilità della morte del Figlio dell'uomo, si può ammettere che Gesù abbia assunto la morte nella sua missione: «salendo con i discepoli a Gerusalemme, Gesù faceva certamente i conti con la possibilità di essere messo a morte. [...] Non si può pensare che Gesù non si rendesse conto del pericolo che correva»[149].

Gesù non si lascia sopraffare dalla crisi, e accoglie un ulteriore passo che deve compiere. L'ultima *soglia* che deve superare, è la più difficile da varcare: non si tratta più solo del dolore degli altri, ma del rifiuto da parte di molti del popolo al quale era stato inviato e della *propria* morte.

6. Una lettura per l'oggi

Papa Francesco ha insistito molto sull'idea di una "Chiesa in uscita", cioè di una comunità che segue l'esempio del Maestro. Proprio riferendosi alla giornata di Cafarnao, Francesco scrive che la gioia di annunciare il Vangelo

[149] G. Jossa, *Tu sei il re dei Giudei? Storia di un profeta ebreo di nome Gesù*, Carocci, Roma 2014, 127-128. Questo storico non ritiene gesuane le profezie, che dunque sarebbero state piuttosto aggiunte dalla Chiesa primitiva in un tempo successivo (*"ex eventu"*), quando ormai la storia terrena del Messia, morto e risorto, poteva essere riletta nel suo insieme. Ancora più espliciti M. Pesce – A. Destro, *La morte di Gesù. Indagine su un mistero*, Rizzoli, Milano 2014, 260, per i quali Gesù non ha mai pensato alla propria morte come necessaria, anche se «mise certamente in conto la possibilità di essere ucciso».

ha sempre la dinamica dell'esodo e del dono, dell'uscire da sé, del camminare e del seminare sempre di nuovo, sempre oltre. Il Signore dice: «Andiamocene altrove, nei villaggi vicini, perché io predichi anche là; per questo infatti sono venuto!» (Mc 1,38). Quando la semente è stata seminata in un luogo, non si trattiene più là per spiegare meglio o per fare segni ulteriori, bensì lo Spirito lo conduce a partire verso altri villaggi (*Evangelii gaudium*, 20).

Da qui ne deriva che la Chiesa in uscita è itinerante, come Gesù: «l'intimità della Chiesa con Gesù è un'intimità itinerante, e la comunione "si configura essenzialmente come *comunione missionaria*". Fedele al modello del Maestro, è vitale che oggi la Chiesa esca ad annunciare il Vangelo a tutti, in tutti i luoghi, in tutte le occasioni, senza indugio, senza repulsioni e senza paura» (*Evangelii gaudium*, 23).

VII

Oltre Cafarnao

Quasi al temine del nostro cammino, possiamo ora entrare in alcune questioni più tecniche per poi giungere ad alcune considerazioni sull'identità di Gesù e concludere finalmente gettando uno sguardo su cosa c'è all'orizzonte oltre Cafarnao.

1. La questione della "giornata-tipo" di Gesù

La prima questione ha a che fare con i limiti della pagina che abbiamo letto. Questa viene normalmente circoscritta grazie a indicazioni quali la descrizione dell'ingresso di Gesù in città (Mc 1,21) e il sopraggiungere del tramonto del sole (1,34). Noi però abbiamo seguito altri commentatori, che estendono l'attenzione anche a quei versetti che descrivono la preghiera di Gesù all'alba del giorno dopo, la ricerca del Maestro da parte dei discepoli e, infine, la sua uscita da Cafarnao (1,35-39)[150]. In questo modo, la cornice del testo viene composta dall'arrivare di Gesù a Cafarnao (1,21) e dalla partenza da lì per raggiungere «tutta la Galilea» (1,39).

Possiamo poi chiederci se i versetti del vangelo di Marco sulla giornata di Gesù a Cafarnao vogliono fornire un resoconto dettagliato di quanto compiuto da lui in un giorno particolare, oppure sono una esemplificazione di una "giornata-tipo"[151] che Gesù deve aver vissuto nella città della Galilea.

Partendo dall'assunto che i vangeli non sono solo *storia*, ma un intreccio di avvenimenti accaduti e dell'*interpretazione teologica* che di essi ne hanno data i discepoli di Gesù, si può rispondere con un esempio illuminante. Si tratta della scena che narra di Gesù nella sinagoga di

[150] Così B. Standaert, *Évangile selon Marc. Première partie. Marc 1, 1 à 6, 13*, J. Gabalda, Pendè 2010, 150, che inserisce la giornata di Cafarnao all'interno di una sezione che va da Mc 1,21 a 3,6, sezione delimitata da *due sabati* e che dunque occupa tutto l'arco di una prima settimana. All'interno di questa sezione la prima unità è rappresentata dalla "giornata inaugurale" che prende, secondo Standaert, i vv. 1,21-39. Secondo C. Bazzi, «Mc 1,21-45: unità e modello per il secondo vangelo», *Vivens Homo* 14/1 (2003) 7-41, la "giornata di Cafarnao" è inserita nel complesso dei vv. 21-45, la cui unità deriverebbe dai movimenti dei personaggi in tre sequenze progressive: il movimento che parte dall'insegnamento nuovo di Gesù e si espande a contatto con la gente; quello che prende avvio dalla decisione di Gesù di lasciare Cafarnao e visitare tutta la Galilea, nelle cui periferie incontra un lebbroso; infine, quello di Gesù che invia il lebbroso purificato ai sacerdoti di Gerusalemme. Si veda anche, dello stesso autore, *Mattutino in Marco. La costruzione del discorso e l'avvio del racconto: Mc 1,21-45*, Urbaniana University Press, Città del Vaticano 2004. Anche altri esegeti, come R.A. Culpepper, Mark, Smyth & Helwys, Macon (GA) 2007, 54, oppure B. Maggioni, *Meditazioni sul vangelo di Marco*, 19, ritengono che la giornata di Cafarnao si estenda fino a 1,45.

[151] La definizione di "giornata-tipo" è comune. Si vedano, ad es., E. Manicardi, *Il cammino di Gesù nel Vangelo di Marco*, 55 («giornata tipica»); D.J. Harrington, *Meeting St. Mark Today. Understanding the Man, His Mission, and His Message*, Chicago, Loyola Press, 2011, 31 («typical day»).

Nazaret, in occasione della proclamazione del Giubileo per la remissione dei peccati (Lc 4,16-30)[152]. Per questo racconto possiamo parlare di un «insieme ben orchestrato», di una pericope costruita dall'evangelista Luca perché avesse un «carattere programmatico e paradigmatico»[153], insomma, di una "scena-tipo". Un dettaglio, in particolare – quello della lettura da parte di Gesù di un testo profetico che, in realtà, non poteva essere proclamato in quel modo (essendo un centone di passi tratti da diversi capitoli di Isaia) –, ci lascia pensare che «siamo in presenza di una elaborazione cristiana – non di una reale lettura sinagogale – che l'evangelista può aver trovato nella comunità sotto forma di *testimonia* (cioè, una raccolta di citazioni dall'Antico Testamento)»[154]. Si consideri che se alcuni motivi presenti nel brano lucano della sinagoga di Nazaret sono noti anche a Marco e a Matteo (lo stupore per l'insegnamento di Gesù, la domanda sulla sua famiglia, il detto sul profeta non onorato in patria), Luca è l'unico che insiste in questo modo facendo del racconto un brano introduttivo a tutto il vangelo[155]: quanto accade nella sinagoga di Nazaret è ciò che accadrà a Gesù

[152] Si veda, su questa pericope in rapporto al Giubileo, A. Pitta, *L'anno della liberazione. Il giubileo e le sue istanze bibliche*, San Paolo, Cinisello Balsamo (MI) 1998.

[153] G. Rossé, *Il Vangelo di Luca. Commento esegetico e teologico*, Città Nuova, Roma 2001³,152.

[154] Ivi, 154.

[155] J. Fitzmyer, *The Gospel According to Luke (I-IX)*, Double Day, Garden City, New York 1979, 529.

nel resto del vangelo di Luca. Si tratta davvero, in questo caso, di un «esempio tipico»[156] della predicazione di Gesù nella sua prima fase. Ma non siamo, in ogni caso, di fronte a una “falsificazione”, quanto piuttosto a una rilettura con finalità teologiche di un evento che può davvero essere accaduto, ma che Luca rielabora e amplia a partire da una semplice notizia che deve aver tratto da Mc 6,1-6, nel quale si legge, appunto, che Gesù insegnò, stupendo tutti, nella sinagoga della città dove era stato allevato.

E per quanto riguarda la giornata di Cafarnao narrata da Marco? Gli eventi di cui parla sono accaduti nel modo in cui sono stati raccontati, o abbiamo a che fare con una “scena-tipo” simile a quella costruita dall’evangelista Luca?

Alcuni esegeti ritengono che «il sabato di Cafarnao ha le qualità di un sabato storico, sabato nel quale Gesù esordì in quella cittadina con il suo ministero profetico-taumaturgico»[157]. Uno degli argomenti più forti a favore di questa interpretazione è che nel racconto di Cafarnao vi sono due elementi caratteristici: lì Pietro è chiamato sempre con il nome di “Simone”, e diversamente dal modo usuale di fare dell’evangelista – che è normalmente più generico – vi sono precise indicazioni di tempo (Mc 1,21: «di sabato»; 1,32:

[156] G. Ghiberti, «Gesù nella sinagoga di Nazaret (Lc 4,16-30)», in M. Làconi et al. (edd.), *Vangeli sinottici e Atti degli Apostoli*, Elledici, Leumann (TO) 1999, 337-357; 347.
[157] M.L. Rigato, *Discepole di Gesù*, 43.

«la sera»; 1,35: «il mattino presto»). Ciò ha fatto pensare che in questa parte del vangelo Marco avesse a disposizione una fonte pre-evangelica, ovvero una testimonianza di prima mano, di coloro che ancora ricordavano o tramandavano quanto Gesù, in quel sabato, aveva fatto. Alle spalle dell'evangelista ci sarebbe la chiesa di Cafarnao, «una vivace antica comunità giudeo cristiana della Galilea», nella quale «bisogna ritrovare l'ambiente generativo e il processo di conservazione e trasmissione»[158] delle tradizioni che poi l'evangelista inserirà nel suo piano narrativo[159].

Altri esegeti, pur non escludendo la possibilità che gli eventi narrati in quel sabato a Cafarnao siano accaduti come nel racconto, ritengono più probabile che si tratti di una "composizione" marciana, magistralmente e artisticamente congegnata in una unità di tempo e di luogo. In essa Marco ha «distribuito ad arte nel corso di una giornata diversi elementi tradizionali. Egli ha ordinato un disparato materiale mnemonico in modo tale che ne è risultata una giornata piena, inclusa anche la notte che del giorno intero faceva parte. Egli voleva così descrivere l'inizio della vita pubblica

[158] L. Orlando, *La giornata di Gesù a Cafarnao*, 169.

[159] «Marco situa più volte Gesù a Cafarnao perché sa che in quella località egli è stato certamente attivo. [...] Le indicazioni di luogo di Marco non sono state inventate da lui. Esse probabilmente provengono da ambienti ristretti o autocentrati ma ricchi di notizie di vario genere. Non possiamo però sapere quando quei racconti e i gruppi che li trasmisero si erano formati»; A. Destro – M. Pesce, *Il racconto e la Scrittura. Introduzione alla lettura dei vangeli*, Carocci, Roma 2014, 111-112.

di Gesù»[160]. A favore di questa interpretazione vi è il fatto che nel piano narrativo e cristologico del vangelo di Marco tale giornata è l'inizio del ministero pubblico di Gesù, equivalente proprio al racconto di una sua "predicazione-tipo" nella sinagoga di Nazaret (cfr. Lc 4). Da questa pagina emergono già tante domande che (come vedremo anche noi) si ritroveranno nel prosieguo del racconto, e alle quali Marco darà una risposta con tutto il suo vangelo.

Qualunque sia la storia di questo testo, però, non si può, strettamente parlando, affermare che la giornata di Cafarnao rappresenti la modalità in cui Gesù trascorreva una (ogni) sua giornata in quella città o in altre città[161]. Essa è piuttosto un giorno "speciale", perché *Shabbat.* Se infatti togliamo dal racconto quegli elementi che possono riguardare solo il sabato (la preghiera sinagogale, le guarigioni al termine del giorno e l'uscire di Gesù da Cafarnao il mattino seguente), rimangono pochi avvenimenti che possono aver avuto luogo anche in altri giorni, come le guarigioni, che infatti nel vangelo di Marco verranno narrate anche più avanti (cfr. Mc 2,1-12; 3,1-6). Anche queste, però, a guardar meglio, trovano ancor più senso se inquadrate proprio nel giorno

[160] G. Lohfink, *Gesù di Nazaret. Cosa volle? Chi fu?*, Queriniana, Brescia 2014, 17; orig. tedesco, *Jesus von Nazaret. Was er wollte, wer er war*, Herder, Freiburg 2011.

[161] Cfr. F. Rossi De Gasperis, *Sentieri di vita. La dinamica degli Esercizi ignaziani nell'itinerario delle Scritture*, Paoline, Milano 2007, 98: «Siamo di fronte a una giornata-tipo, che si ripeterà anche in altre città [...]». Sull'idea di "giornata-tipo" si veda anche R. Gundry, *Mark. A Commentary on His Apology for the Cross*, 1 (1–8), Eerdmans, Grand Rapids (MI) 2000, 78.

di sabato, vertice della creazione e raggiungimento della perfezione.

Ma le opinioni non sono finite: se, come si è detto, alcuni esegeti preferiscono pensare al racconto della giornata di Gesù a Cafarnao come a una giornata più ideale che reale, e altri la vedono come un racconto storico, altri ancora ritengono questo racconto «storico e tipico del ministero di Gesù»[162].

Infine, come si è già detto più volte, se si vede il testo di Mc 1,21-39 nella prospettiva giudaica, col modo di computare il tempo caratteristico di quella cultura, non si dovrebbe parlare di una giornata soltanto di Gesù a Cafarnao, ma piuttosto di *ventiquattro ore di Gesù*[163] narrate in due giornate (Mc 1,21-31: prima giornata, dalla mattina fino al pomeriggio, *Shabbat*; Mc 1,32-38: seconda giornata, dalla sera all'uscita da Cafarnao, *primo giorno dopo lo Shabbat*)[164].

2. Chi è Gesù?

Al termine della giornata di Cafarnao, ai suoi lettori Marco ha dato alcuni segnali chiari che permettono di capire

[162] L. Orlando, *La giornata di Gesù a Cafarnao*, 90, n. 7.
[163] Cfr. R.T. France, *The Gospel of Mark*, 98.
[164] W.L. Lane, *The Gospel according to Mark*, Eerdmans, Grand Rapids (MI) 1974, 70.

qualcosa in più del mistero di quel rabbi. Lo si è visto insegnare in sinagoga, ed esorcizzare gli spiriti impuri. Dal momento in cui entra nella casa di Simone, e poi fino alla sera, Gesù è rappresentato ancora come un esorcista ed un terapeuta, ma non solo davanti alla porta della città, anche in una dimensione domestica.

Colui che nell'apertura del Vangelo viene definito come "Figlio di Dio" (Mc 1,1), che avrebbe battezzato nello Spirito Santo (1,8), come il "Figlio prediletto" (1,11), come colui che "annuncia" il regno (1,14), questo Gesù, a Cafarnao finalmente si rivela nel suo essere nei confronti degli uomini: è il "Maestro" (1,22), è il "Santo di Dio" (1,24), è "Colui che è uscito" (1,38) verso gli uomini perché lo ascoltino, perché siano liberati dai loro demòni e guariti dalle loro infermità.

Guardando ancor più da vicino alcune espressioni e i verbi che hanno per soggetto Gesù e che ricorrono nella giornata di Cafarnao, e riprendendo quanto abbiamo visto finora, possiamo dire ancora meglio chi è Gesù.

Gesù guida la Chiesa. Gesù *guida* i suoi discepoli. Accompagnato da loro sin dall'ingresso in città, questi lo seguiranno fin dentro la casa e poi anche altrove, oltre ogni soglia varcata dal Maestro. Quando questi vorranno "fermarlo" (1,36-37), Gesù non li ascolterà e, educandoli anche in questo, li farà uscire portandoli con sé.

Gesù insegna ed educa. Gesù *insegna cose nuove con autorità.* Non solo "annuncia" come gli altri (il Battista, i discepoli...) che nel vangelo saranno soggetti di questa azione, ma è l'*unico Maestro*. Gesù continuerà ad insegnare per tutto il resto del vangelo, fino al suo arresto, quando, nell'orto degli Ulivi, riassumerà la sua attività dicendo: «Ogni giorno ero in mezzo a voi nel Tempio a insegnare, e non mi avete arrestato» (Mc 14:49). Marco, come abbiamo già detto, lascia solo per Gesù il verbo *didaskō*: è lui, il Maestro, l'unico soggetto di questa azione, con la quale si vuole dire il continuo e non occasionale processo educativo col quale Gesù spiega, con le parole, i gesti e soprattutto la vita, cosa sia il regno di Dio e cosa significhi seguire lui.

A questo riguardo gioverà segnalare una significativa differenza rispetto al primo vangelo. L'appellativo "Maestro", nel vangelo di Matteo, è usato quattro volte da Gesù stesso quando si auto-descrive (come in Mt 10,24, «Un discepolo non è più grande del maestro», nel verso seguente, «è sufficiente per il discepolo diventare come il suo maestro», e in 23,8; 26,18), otto volte da estranei, ma *mai dal gruppo dei discepoli*. In questo vi è una scelta di Matteo, che lo distingue rispetto al racconto di Marco dove invece – secondo la logica che abbiamo visto sopra – il titolo "Maestro" è usato per esprimere l'attività principale di Gesù in quel vangelo. Nel vangelo di Matteo, invece, i discepoli si rivolgono a Gesù sempre col titolo di *Kyrie* ("Signore"), forse perché Matteo riteneva che "Maestro" fosse insufficiente per descrivere chi è Gesù, o forse perché la chiesa di Matteo – di una generazione successiva a quella di Marco – ha ancora più compreso il mistero della sua Persona. L'eccezione, per Matteo, è rappresentata da Giuda, che per due volte si rivolge a Gesù chiamandolo "rabbi", in Mt 26,25.49. Per riconoscere Gesù come *Signore*, bisogna seguirlo fino in fondo, e non semplicemente ascoltare i suoi insegnamenti.

Gesù prega. Prega non solo in una sinagoga, durante una liturgia a cui prende parte insieme al suo popolo, ma anche in modo più personale, nella notte seguente la giornata di Cafarnao, prima dell'alba (Mc 1,35). È anche di questo che lo spirito impuro si accorge, e cioè del fatto che Gesù non è come gli altri, ma «ha con Dio una speciale relazione, della quale parlano in primo luogo i demòni»[165]. Tale relazione si manifesta nel dialogo con il Padre, che Gesù insegnerà ai suoi a sviluppare, guidandoli con precise istruzioni sulla preghiera (cfr. Mt 6,5-15). Con la preghiera, Gesù non disperde nulla di quanto vive in ogni singolo giorno, rimettendo tutto alla misericordia del Padre.

[165] K. Stock, *Marco*, 42.

Gesù è il "Santo di Dio". È lo spirito impuro a riconoscere la differenza di Gesù. Come Simone che, chiamato sul lago di Galilea, vedendo il segno della pesca miracolosa, gli dirà «allontanati da me, perché sono un peccatore» (Lc 5,8), riconoscendo così la propria povertà davanti a Gesù. Tentare di comprendere qualcosa della persona di Gesù Cristo è, in fondo, un'operazione che obbliga tutti, credenti e non, cristiani e (oggi sempre di più) anche ebrei, a cercare; ricerca che però non può avere una risposta definitiva. Con questa formula, "santo di Dio" – che addirittura potrebbe essere un'antica traccia dell'antica fede e riflessione su Gesù prima che si sviluppasse una cristologia "postpasquale" – ci viene infatti detto che egli, Gesù, pur avendo condiviso la storia degli uomini, è totalmente "altro", non circoscrivibile. Per i cristiani, proprio come Dio.

È ancora grazie all'esorcismo compiuto da Gesù, che Marco ci dice qualcosa di più di lui. Anzi, con esso ci viene mostrato che se noi non possiamo ridurne l'identità ad una mera descrizione, Gesù sa bene chi è: «diversamente dagli usi del I secolo (che possiamo ricostruire soprattutto attraverso la testimonianza dei documenti ritrovati a Qumran), egli si rivolge allo spirito impuro in modo diretto. Invece di seguire il rituale ebraico, perfettamente accolto a Qumran, dove l'esorcismo viene compiuto "nel nome di Yhwh", negli interventi di Gesù è la sua stessa autorità a risuonare.

Tale caratteristica, attestata in tutta la tradizione sinottica, evidenzia una forte coscienza di Gesù circa la propria identità, siglata al momento stesso del battesimo»[166].

Gesù libera con autorità. Scacciando gli spiriti impuri, libera l'uomo dalle sue impurità, e dalle schiavitù che lo tengono prigioniero. La forza che ha Gesù, il potere di liberare l'uomo, non sono però tenuti da lui egoisticamente per sé. Gesù ha iniziato un processo che vuole sia continuato dai suoi discepoli. Per questo, la parola "autorità" (in greco *exousia*) nei vangeli si trova come principio della missione, ed è quanto Gesù dona perché la sua opera sia portata avanti: «ne costituì Dodici – che chiamò apostoli –, perché stessero con lui e per mandarli a predicare con il potere [*exousia*] di scacciare i demòni (Mc 3,14-15)». Il Risorto – anche davanti ai discepoli che «dubitano» di lui e hanno poca fede (cfr. Mt 28,17) – non teme di affidare loro quanto il Padre gli ha dato: «A me è stato dato ogni potere [*exousia*] in cielo e sulla terra. Andate dunque e fate discepoli tutti i popoli, battezzandoli nel nome del Padre e del Figlio e dello Spirito Santo» (Mt 28,18-19).

Gesù si prende cura e guarisce con misericordia. Non solo guarisce nelle strade o nelle piazze della città, ma Gesù esercita la propria azione terapeutica anche nelle case. Non

[166] G. Perego, *Marco*, 58.

compie però miracoli per essere riconosciuto o per fare gesti eclatanti. È vero che la sua attività terapeutica deve aver colpito molti, se addirittura una storico non cristiano come Flavio Giuseppe – nelle poche righe in cui parla di Gesù, pochi anni dopo gli eventi che lo riguardano – scrive che egli «uomo, saggio, fu artefice di opere straordinarie» (*Antichità Giudaiche*, 18,63).

Le guarigioni piuttosto sono segno, da una parte, del regno che si è avvicinato, e dall'altra della misericordia di Gesù. Anche se in questa parte del vangelo non vi è ancora la parola "misericordia", essa vi si troverà più avanti, nel racconto di un altro indemoniato, il geraseno guarito (cfr. Mc 5,1-20). Lì Gesù dirà all'uomo che viveva tra le tombe e ora è libero: «Va' nella tua casa, dai tuoi, annuncia loro ciò che il Signore ti ha fatto e la *misericordia* che ha avuto per te» (5,19). La stessa misericordia che si era già manifestata nella forma del perdono dai peccati (Mc 2,1-12), è quella che permette ai malati e indemoniati di essere guariti. Ogni volta che un uomo è liberato, è l'amore di Dio, con Gesù, che agisce.

Gesù esce e annuncia altrove. Gesù, si è visto, esce continuamente dai luoghi in cui si trova: passa dalla sinagoga alla casa, dalla casa all'esterno di essa, dalla città ai villaggi vicini. Cafarnao è la sua base strategica, il luogo dove ha una dimora, ma non si ferma lì. Ci sono altri che hanno bisogno della sua Parola e della sua forza per essere liberati.

3. Gesù sale a Gerusalemme

La giornata trascorsa nella cittadina della Galilea non permette di avere tutte le informazioni sulla persona di Gesù. La lettura del vangelo continua e svela altri aspetti del mistero del Signore. Il triplice annuncio della sua passione, morte e risurrezione, la trasfigurazione, la salita a Gerusalemme, gli altri incontri per la via e le parole che dirà ancora ai suoi discepoli. Le tensioni e le diatribe coi correligionari sulla spianata del Tempio… infine, la sua passione e morte, e l'annuncio della risurrezione fatto alle donne. Per seguire Gesù si deve stare con lui sino alla fine, e si devono leggere tutte le sue parole, accogliendo ogni aspetto della sua vita: non si può scegliere qualcosa e tralasciare altro.

Gesù è il *Servo sofferente* che – come scriveva l'evangelista Matteo (8,17) –, dopo aver preso su di sé le infermità e le malattie del suo popolo, muore per mostrare come il Padre ama questo popolo, anche attraverso la sconfitta del Figlio che dà la vita per perdonare i peccati. Gesù – passato attraverso lo scandalo della croce – è il Risorto, liberato dalla morte e "sollevato" (Mc 16,6; in greco, *egeirō*) – «risuscitato (*egeirō*) dai morti per mezzo della gloria del Padre» (Rm 6,4).

Conclusione

Tornare a Cafarnao

Tornare in Galilea, dopo la storia della passione e morte di Gesù, ha significato per i suoi discepoli incontrare lì il Risorto, come i vangeli di Matteo e Giovanni raccontano (cfr. Mt 28,16-20; Gv 21).

Scendendo verso il lago e andando a Cafarnao, i discepoli avranno ricordato il discorso sul pane che – secondo il vangelo di Giovanni (Gv 6,36-58) – Gesù tenne in quella sinagoga (cfr. Gv 26,59: «Gesù disse queste cose, insegnando nella sinagoga a Cafarnao»). Lì, in quella sinagoga dove aveva pregato e insegnato, aveva lasciato la memoria della sua vita donata e presente nell'Eucaristia.

Andare a Cafarnao significa riscoprire la presenza della Madre del Signore, che era venuta a cercare Gesù, e lì, «stando fuori» (Mc 3,31) – senza cioè poter comprendere fino in fondo il segreto di quel Figlio –, ha accettato però di avanzare con lui nella fede (cfr. *Lumen Gentium,* 58), divenendo sua discepola.

Rivedere la casa di Pietro permette di celebrare la propria personale vocazione alla vita cristiana, chiamata che l'apostolo ha lì ricevuto («Venite dietro a me!»; Mc 1,17); permette di accogliere il suo ruolo di *primo* dei discepoli di Gesù, perché a lui proprio lì si rivolsero per chiedere cose sul suo Maestro (cfr. Mt 17,24); permette di riconoscere in Pietro il discepolo amato e perdonato, che se ha deluso Gesù – pensando come il tentatore («Va' *dietro* a me, Satana!»; Mc 8,33), o rinnegando il Messia sofferente (Mc 14,66-72) – non è stato per questo allontanato ma, ancora sul lago, lì dove era stato chiamato la prima volta, è stato nuovamente chiamato («Seguimi!»; Gv 21,19) e reintegrato (cfr. Gv 21,15-19).

Oggi, tornare come pellegrini a Cafarnao e varcare la soglia di quel cancello col cartello in lingua inglese, per i pellegrini di tutto il mondo, «Capharnaum, the Town of Jesus», significa non solo ripercorrere la giornata di Gesù nella città della Galilea, ma anche imparare dalla storia che lì, da allora, si è svolta.

La *casa* dove sarebbe stato ospitato Gesù è ancora oggi visitabile, grazie ai lavori degli archeologi francescani, e sopra di essa si trova un santuario dedicato alla memoria di san Pietro.

Sopra i resti della *sinagoga* nella quale Gesù ha predicato e compiuto un esorcismo (la "sinagoga nera", dal colore del muro di basalto) sono ben visibili altri resti di una sinagoga successiva, del V secolo (la "sinagoga bianca"). Il fatto che un edificio giudaico così antico si trovi a poche decine di metri dalla memoria cristiana della casa di Pietro, dice molte cose. «A Cafarnao, la presenza della sinagoga e della prima comunità giudeo cristiana nella vicina casa di Pietro è un esempio di convivenza, almeno fino al IV secolo, tra ebrei e cristiani e di maturazione della propria identità religiosa»[167]. In quel luogo, insomma, il giudaismo e il nascente cristianesimo hanno convissuto fino e oltre la cosiddetta "separazione". Ripercorrere la giornata di Gesù a Cafarnao ci ha dato anche l'occasione di riscoprire l'ebraicità di Gesù, e conoscere meglio il popolo dal quale egli viene. Ricordare che Gesù era ebreo è necessario, perché – come ha scritto papa Francesco – «la Chiesa, che condivide con l'Ebraismo una parte importante delle Sacre Scritture, considera il popolo dell'Alleanza e la sua fede come una radice sacra della propria identità cristiana (cfr. Rm 11,16-18). Come cristiani non possiamo considerare l'Ebraismo come una religione estranea, né includiamo gli ebrei tra quanti sono chiamati ad abbandonare gli idoli per convertirsi al vero Dio (cfr. 1Ts 1,9). Crediamo insieme con loro nell'unico Dio che agisce nella storia, e accogliamo

[167] L. Orlando, *La giornata di Gesù a Cafarnao*, 163-164.

con loro la comune Parola rivelata» (*Evangelii gaudium,* 247). Visitare ed entrare, anche se solo idealmente, ma con tutto il cuore e l'affetto, nella sinagoga di Cafarnao, ci permette di ricordare quanto è stato fatto da Gesù quel giorno insieme ai suoi fratelli ebrei, e quanto possiamo oggi fare ancora, perché, nonostante le tante differenze, tra l'Ebraismo e la Chiesa vi è «una ricca complementarietà che ci permette di leggere insieme i testi della Bibbia ebraica e aiutarci vicendevolmente a sviscerare le ricchezze della Parola» (249).

A Cafarnao si può ancora incontrare Gesù: in una sinagoga, mentre prega col suo popolo; in una casa, dove vive la dimensione più laica della quotidianità; per le strade di quel villaggio, mentre guarisce; poco distante, in un luogo nascosto, dove prega da solo. Lì si può incontrarlo, ma non ci si può fermare a lungo. Come i discepoli sono partiti per seguire Gesù, che da lì è andato «nei villaggi vicini», così in quella città della Galilea si può ancora udire la sua voce: «Andiamocene altrove!» (Mc 1,38).

INDICE

Finito di stampare nel mese di luglio 2015
presso PuntoWeb srl, Ariccia - Roma
Printed in Italy